Dieter Stork

Zukunft, die heute beginnt

Die Psalmen – neu gelesen

Verlag Katholisches Bibelwerk GmbH, Stuttgart

Stuttgarter Taschenbücher
Band 12

Die Deutsche Bibliothek – CIP-Einheitsaufnahme

Stork, Dieter:
Zukunft, die heute beginnt:
die Psalmen – neu gelesen / Dieter Stork. –
Stuttgart : Verl. Kath. Bibelwerk, 1992
    (Stuttgarter Taschenbücher ; Bd. 12)
    ISBN 3-460-11012-0
NE: GT

Alle Rechte vorbehalten
© 1992 Verlag Katholisches Bibelwerk GmbH, Stuttgart
Satz: primustype Robert Hurler GmbH, Notzingen
Druck und Bindung: Ebner Ulm
Titelfoto: Tony Stone Worldwide, München (Donovan Reese)

VORWORT

Mehr als nur ein Liederbuch

Die Psalmen sind Lieder, Gebete und Liturgien des Alten Bundes, nicht immer aus einem Guß. Viele Psalmen sind gewachsen. Bilder und Texte der Vorexilszeit, Klagetexte aus prophetischen Texten wurden weiterentwickelt und zu Liturgien ausgebaut. Alle Themen des Alten Bundes finden sich in den Psalmen wieder. Der Psalter ist die Sammlung von Glaubensdokumenten aus dem Volke Israel.

Bis in einzelne Bilder und Textbezüge hinein wird diese Vernetzung deutlich. Nicht zufällig sind einige Psalmen im anthologischen Stil geschrieben: ein Psalmist lehnt sich an Bilder eines bestimmten Propheten an – und möchte damit andeuten, wie sehr er diesem Propheten und seiner Theologie verbunden ist. Solche Querverbindungen gibt es auch zu übrigen alttestamentlichen Autoren, zur Weisheitsliteratur, zum Gesetzeskodex. Es gibt Anspielungen auf die Geschichte, Bekenntnisse zum Schöpfergott.

Inhalt und Form

Inhalt und Form der Psalmen entsprechen einander, bis in poetische und musikalische Nuancen hinein. Viele Psalmen sind liturgische Formulare, mehrfach im Gottesdienst genutzt. In einem erläuternden Abschnitt „Die Psalmen – Zusammenhänge" werden Form und vermutete Abfassungszeit angesprochen. Klagepsalm, Hymnus, Vertrauenslied, Danklied und weisheitliches Streitgespräch usw. werden benannt. Überlegungen zum Abfassungsprozeß treten in Stichworten hinzu.

Mein Zugang zum Psalter

Als Kind fand ich die Bilder der Psalmen poetisch und schön. Im Studium tauchten exegetische und theologische Fragen auf.

Ein Abscheu gegen die oft geäußerten Rachegedanken entstand. Das Prädikat „nachexilisch" erhielt einen blechernen Klang. Später brachten mich die Psalmen neu ins Staunen. Ich spürte, wie sie der Frage nach dem gerechten Gott nachgingen. Wie stand der Gott, der sein Volk aus Ägypten, dem Unterdrückerstaat, befreit hatte, nun zu seinem Versprechen der Befreiung? War er noch der Gott der Kleinen Leute, die nichts zwischen den Zähnen, wenig auf den Rippen und vor den Großen nichts zu lachen hatten – oder waren ihm diese Menschen heute gleichgültig?

Wo ist Gott?

Wo ist Gott, der sein Volk aus den Iwrim, den Landlosen, Rechtlosen, Sklaven und Unterdrückten sammelt – nichts anderes heißt Iwrim bis heute, Hebräer! – Hätte Gott sein Wesen verraten, indem er Waisen und Wehrlose ihrem Schicksal preisgibt? Die Psalmen können nicht auf den Ausgleich im Himmel verweisen. Sie plädieren für keine Ewigkeitshoffnung. Ein gesunder Realitätssinn wird deshalb bitter notwendig. Lösungen müssen für heute, morgen und übermorgen gefunden werden! Die Psalmen sind Klagelieder der Entrechteten, Loblieder der Befreiten.

Gott ist ein Freund des Lebens

Militärische Kräfte, Großmächte und Kleinstaaten um Israel herum, bedrohen das Volk Gottes. Kann Gott zulassen, daß sein Land mit Krieg überzogen wird, daß Städte und schließlich der Tempel zerstört werden? Kräfte des Verfalls im Inneren, Ungerechtigkeit, politische Morde und soziales Elend machen das Maß voll! Tod und Krankheit, Angst und Terror werden zu unübersehbaren Attributen des menschlichen Lebens. Nach der Rückkehr aus dem Exil, die einen Neuanfang dokumentieren sollte, wird es noch schlimmer. Diktatoren mauern die Freiheit ein. Skrupellose Mitbürger arbeiten mit den Fremdherrschern zusammen. Wer sich treu zu Gott und seinen Geboten hält, wird verlacht – und hat nichts zu lachen! Die Psalmen sind voll davon, wie innere und äußere widergöttliche Kräfte den Menschen bedrohen und zu vernichten suchen. Sie treten dafür ein, daß Menschen zum lebendigen Gott umkehren und ihm allein dienen. Sie sind ein Zeugnis für den Gott, der das Leben will. Dieses Zeugnis kommt aus dem Munde der Menschen, die aus Angst und Verzweiflung zum befreienden und helfenden Gott hinfinden und ihm vertrauen. Es kommt aus dem Munde der Kranken, Gefolterten, Hoffnungslosen, Asylsuchenden. Die Beter der Psalmen trauen Gott alle Gerechtigkeit zu, auch wenn diese im Augenblick hinter Blutspuren, Kriegen, Hunger, Unrecht, Krankheit und Alltagswidrigkeiten verborgen ist. Sie fordern Gott heraus, das Seine zu tun!

Das Recht auf Gerechtigkeit

Hier liegt der Schlüssel für die Rachegedanken in den Psalmen. Diese gehen vom Zentrum des Gottesglaubens aus: Gott soll seine Gerechtigkeit durchzusetzen: die Kleinen sollen befreit, die Mächtigen gestürzt werden! Gottes Ehre steht auf dem Spiel – und mit ihr auch die Ehre des Beters. Gott will Ehre einlegen, auf Erden, unter den Völkern (Ps 46,11; 76,11)! Häufig kommt dieser Begriff in den Psalmen vor. Vergeltung ist kein menschliches Prinzip, sondern das Symbol der sich öffentlich machenden Macht und Ehre Gottes. Diese Bilder von einem atmenden, lebendigen Gott tun mir gut. Der Gott, dem seine Ehre so viel bedeutet, weil ihm der Mensch alles wert ist, ist ja mein Gott. Er möchte, daß ich überlebe, gerettet und geheilt werde. Sein Herz fließt vor Barmherzigkeit über. Ich darf mich ihm anvertrauen wie ich bin, muß nicht geradlinig, edel, hilfreich und gut sein, ein Perfektionist der Sanftmut. Ich darf leiden, weinen, wüten. Ich darf Vergeltung denken, – um sie im Neuen wie im Alten Bund Gott anheimzustellen, das heißt: in Angst ihm zu vertrauen, in Not zu ihm zu fliehen! Die Menschlichkeit eines Gottes, der am Kreuz Mensch wird, wird hier vorgezeichnet. Der rächende Gott ist zugleich der liebende, der Gericht sprechende Gott der Verteidiger des unterdrückten Menschen, der ein Recht auf Gerechtigkeit hat.

Klage und Lob

Klage und Lob folgen häufig in den Psalmen aufeinander, bilden eine liturgische Einheit. Der Beter schildert seine Unruhe, Angst und Hoffnungslosigkeit. Dann preist er Gott für seine Rettung. Im Gottesdienst werden beide Teile aufeinander bezogen. Auch findet häufig ein Wechselgebet zwischen Einzelsängern und der Gemeinde statt. Trost, Heilung und Befreiung werden dem Betenden zugesungen. So bilden die Psalmen Karfreitag und Ostern vor. Nicht umsonst finden sich in der Passionsgeschichte so viele Zitate aus Psalmen, zum Beispiel aus dem Sterbepsalm Jesu (Ps 22)!

Atemberaubende Nähe

Die Vielfalt der Psalmen, aus den verschiedenen Jahrhunderten der Glaubens- und Lebensgeschichte Israels gewachsen, entspricht der Vielfalt der Geschichte Israels. Und doch tauchen in verschiedenen Psalmen gleiche Bilder und Lebenszusammenhänge auf. Motive werden wiederholt. Diese Wiederholungen bewogen mich, verschieden mit den Psalmentexten umzugehen. Meist wählte ich die sich am Text entlangtastende Übertragung. Ich suchte bewußt Textnähe.

Aber oft tritt dieser Psalm aus seiner historischen Dimension heraus, fällt in unser Zeitalter ein, sucht Spuren seiner Wahrheit heute. Das bedarf keiner künstlichen Anstrengung. Den Psalmen ist ein enormer Realismus zu eigen, eine Detailkenntnis politisch und menschlich schlimmer Erfahrungen, die Psychoterror und Politstrategien heute widerspiegeln. Die Psalmen haben grundsätzlich eine atemberaubend politische und menschlich aktuelle Nähe.

Manchmal wählte ich die freie Interpretation als Mittel. Das Wiederholen von Bildern in so vielen Psalmen bewog mich, im einen oder anderen Fall den Psalm zu verfremden, seine Aussage auf eine Aktualität heute zuzuspitzen. Die frische Farbe, die so ins Bild kommt, tut gut und hilft vielleicht mit, die Psalmen neu zu lesen. Wiederholungen sind auch der Grund, den einen oder anderen Zwischentext aus gestückelten Psalmenliturgien wegzulassen. Im Falle einer freien Interpretation wurde dies unter „Die Psalmen – Zusammenhänge" vermerkt.

Neues Lesen

Die Hauptmasse der Psalmen hat nachexilisches Kolorit. Das bedeutet nicht, daß es vor dem Exil keine Psalmen gegeben hätte. Israel hat vom ersten Tage seines Glaubens an gesungen. Dafür gibt es Zeugnisse. Wohl aber ist der Psalter in seiner jetzigen Form in der Nachexilszeit entstanden. Vorexilische Psalmen wurden überarbeitet, auf die Bedürfnisse der nachexilischen Gemeinde zugeschnitten. Psalmenliturgien wurden aus den Texten der Propheten, vor allem des Jeremia, herausentwickelt. Durch sie wird das Leben und Leiden der Propheten vergegenwärtigt, in einer Art Requiem. Bußakte der Gemeinde folgen. Übereinstimmung zwischen dem Leben des Knechtes Gottes damals, des Propheten, und den leidenden Gläubigen der Nachexilszeit, den Stillen im Lande, die Jahwe treu sind, wird vermerkt. Der leidende Gottesknecht, einzelner und Volk, wird zum Typos des „Gerechten Jahwes". Epochen von Angst, Bedrückung und Revolution der Nachexilszeit, in der großmächtige Fremdherrscher im Bunde mit den Wendehälsen im eigenen Lande sind, kommen in den Blick. Unrechtszustände können nur im Gewand der Historie beschrieben werden. Saul,

David und Salomo werden so zu Leitungspersonen, an denen sich die Erwartungen der Nachexilszeit festmachen. Aus den Königen der Vergangenheit werden Messiasse der Zukunft. Die vergangene Geschichte wird zur Folie der Hoffnung für Befreiung und Gerechtigkeit morgen.

Sich Gott anzuvertrauen heißt nun auch, nicht auf Rüstungsmacht und Kriegsglück, sondern auf die Kraft eines in Gott gegründeten sozialen Friedens zu setzen! Gerade Jahwe Zebaoth, der Gott der Kriegsheere, wird so zum Garanten einer Friedensordnung, in der sich Gottes Gerechtigkeit anders als durch Gewalt durchsetzt.

Für den Gottesdienst

Die ersten Christen haben die Psalmen ebenfalls weiterentwickelt. Sie entdeckten ihre Angst und Hoffnung in den Psalmen, die Passion Jesu und seine und ihre Auferstehung. Sie deuteten die Psalmen messianisch, wie die Juden vor ihnen. Die Christen aller Zeiten haben die Psalmen fortgeschrieben. Unsere Gesangbuchlieder sind Psalmenlieder, Nachdichtungen biblischer Texte, oft genug für den Gottesdienst geschrieben.

Die meisten meiner Texte entstanden ähnlich, aus konkretem Anlaß, als Liturgie für einen Gottesdienst, als Text für eine Gruppenmeditation. Sie können so auch weiterverwendet werden. Im Herbst 1992 soll der zweite Band der Psalmenübertragungen erscheinen, so daß für jeden Psalm des Psalters ein Übertragungstext zur Verfügung steht. Viel Freude beim neuen Lesen und im Gebrauch der Psalmen!

Emsdetten, im Dezember 1991　　　　　　　　　　　Dieter Stork

1 Glücklich der Mensch

Glücklich der Mensch,
der nicht denkt, was alle denken,
der nicht sagt, was alle sagen,
der nicht tut, was alle tun –
und so seinen Vorteil sucht.

Glücklich der Mensch,
der Gott alles Gute zutraut
und gern hört, was Gott ihm sagt,
und gern tut, was Gott von ihm erbittet.

Ein Baum am Bachufer ist er.
Blätter grünen.
Blüten reifen.
Früchte wachsen.

Was er tut, wird gesegnet sein.

Wer nicht in Gott gründet,
wird vergehen, verdursten, verfliegen:
Spreu, die der Wind verweht.

Wie ein Baum seine Wurzeln
ins Erdreich senkt,
so versenke ich mich, Gott, in deine Liebe.

Ich beginne zu vertrauen.
Ich fange an zu leben.

Nach Psalm 1,1–6

2 Der Sohn

Weltmächte kröpfen sich auf.
Weltkonzerne brüten Wahnwitz aus:
Atomkraftwerke und SDI, Orange 48 und Anti-Antiraketen
und die tückische Zeitbombe veränderter Gene.

Warum?

Die Mächtigen proben mit gnadenlosen Strategien
ihren Aufstieg, unseren Untergang:
„Wie können wir das Gewissen,
diesen letzten Rest Menschlichkeit,
zum Schweigen bringen? –
Wir sind die Herren der Geschichte!"

Aber Gott bleibt Gott.
Seine Macht durchzittert das Universum.
Er lacht sie aus,
spottet über diese kleinen Gernegroße da unten,
verhöhnt ihre verbrecherische Anmaßung!

Zorn, Ärger und Übelkeit packen ihn:
‚Was die Menschen ausbrüten,
zerstört ihre eigene Zukunft, meine Erde!'

Und doch liebst du uns, Gott!

Du schickst uns Menschen einen Boten,
deinen Sohn, aus deinem Willen geboren.

„Geh!" sagst du. „Ich schenke dir die Erde,
die Völker, die Menschen.

Ich vertraue dir alles an,
zur Vernichtung oder zur Rettung."

Und der Sohn,
Gottes Wille mitten unter uns,
Bild des Bildes im Ebenbild,
bittet uns Menschen,
alle Mächtigen dieser Erde,
weise zu werden,
Gott zu vertrauen und ihm zu dienen!

„Nehmt Vernunft an", bittet der Sohn,
„kehrt um zu eurem und meinem Gott!
So werdet ihr zu seinen lebendigen Bildern, –
und werdet überleben!"

Nach Psalm 2,1–12

3 Bittere Erfahrungen

Ich mache bittere Erfahrungen, Gott.

Meine Feinde sind wie Sand am Meer.
Sie wachsen und erstarken.
Sie werden mich fertigmachen.

Auch auf Freunde kann ich nicht mehr bauen!
Die Leute höhnen: „Gott – der hilft sowieso nicht!"

So sind die Menschen, –
immer bei den stärkeren Bataillonen.

Ich vertraue dir, Gott!
Du wirst mich schützen,
machst dich selbst zum Schild über mir,
läßt mein Auge lachen!

Ich rufe. Du hörst.
Ich schlafe oder wache, –
du deckst mich.

Noch bin ich wie gelähmt,
versteinert,
kann kein Glied rühren.

Nun bin ich hellwach,
fürchte mich nicht,
wenn mir die Feinde auf den Leib rücken.

Ich werde kämpfen.
Steh auf Gott, steh mir bei!

Du zerschlägst die berechnenden Pläne,
die kalten Vernichtungsstrategien
meiner Freunde von gestern.

Alle wundern sich.
Denn du tust Wunder!

Du wirst Menschen in die Schranken weisen,
daß sie vorsichtig und gut mit mir umgehen.

Du rettest.

Du segnest dein Volk!

Nach Psalm 3,2–9

4 Eine allein

Gott, du hörst mich schreien.
Du schaffst mir Recht.

Ich sitze unter Druck.
Du baust um mich einen schützenden Raum,
entziehst mich ihren Blicken,
mit denen sie mich nackt ausziehen.

Ihr angeblich starken Männer,
wie lange verletzt ihr meine Seele,
spiegelt euch nur selbst
in wilder, kaum unterdrückter Lust –
und verdreht die Wahrheit zur Lüge? –
Wenn ihr eure Augen aufmachtet,
würdet ihr erkennen:

Gott neigt sich zu mir nieder,
schenkt mir sein Lachen, hört mir zu.

Euch paßt das nicht?
Ihr geratet in Rage?
Tut, was ihr nicht lassen könnt!

Wälzt euch auf euren Lotterbetten hin und her,
spuckt Gift und Galle gegen alles, was euch ärgert.

Besser wäre:
Ihr hieltet Gottes Gebote und kämt zur Vernunft.

Viele haben die Hoffnung aufgegeben.
„Was kann noch Gutes kommen?" fragen sie.

Erhebe dich, Gott, erscheine!
Laß dein Angesicht vor mir aufleuchten,
daß ich im Dunkeln wieder sehe.

Ich freue mich am Leben,
mehr als alle Snobs der Welt zusammen,
die nicht wissen, wohin mit ihrem Geld,
und nur fragen, wie sie den Tag kaputtkriegen.

Ich lege mich nieder, schlafe in Frieden ein.

Du, mein Gott, bedeckst meine Nacht.

Nach Psalm 4,2–9

5 Bring mich zur Gerechtigkeit zurück

Hörst du mich, Gott?

In der Morgenfrühe
will ich zu dir rufen,
wenn die Sonne aufsteigt
und die Erde ins Morgenlicht taucht.

Es ist doch so:

Wer finstere Machenschaften aussheckt,
tappt selbst bald im Finstern.
Wer im Dunkeln munkelt und das Recht verdreht,
verheddert sich im eigenen Lügennetz.
Wer unkontrolliert mit seiner Macht spielt,
wird nur mit Angst leben können.
Wer schließlich Menschen einsperrt und umbringt,
weil er mit Druck und Gewalt begonnen hat,
kriegt dich zum scharfen Gegner, Gott.
Wer Menschen unterdrückt,
wird von dir verworfen.

Sie ersticken an ihren eigenen Worten.
Mit ihren Intrigen und Verrenkungen
brechen sie sich selbst den Hals.
Ihr gieriger Schlund wird ihnen zum Grab.
Mit glatter Zunge zerschneiden sie ihre Zukunft.

So läuft das Menschenleben.

Ich trete vor dich.
Du vergibst mir.

Du schließt mich nicht aus.
In Ehrfurcht will ich dir dienen.
Bring mich zur Gerechtigkeit zurück,
zu deiner Gerechtigkeit!
Du segnest Menschen,
die das Recht suchen.
Deine Gnade schützt sie
wie ein großer, schöner Schild.

Nach Psalm 5,2–13

6 In diesem Augenblick

Alt, krank, müde.

Strafst du mich, Gott? – Wofür?
Schlägst du mich? – Warum?

Es stimmt, ich habe in meinem Leben Fehler gemacht.
Meine Angst ist so groß wie meine Not.

Willst du mich wirklich auslöschen, Gott?
Wenn ich tot bin,
kann ich niemandem mehr von dir erzählen.
Wenn ich unter der Erde liege,
bin ich kalt und stumm.
Einer, der die Augen für immer zumacht,
nützt dir wenig, Gott!

Hilf mir!

Geht es so mit mir zu Ende?
Mein Leib verwelkt. Meine Glieder vertrocknen.
Meine Seele verkrampft sich nach innen.

Was wird geschehen?

Ich halte mein Schreien nicht mehr aus.
Ich zerbreche an meiner eigenen Angst.
Nacht für Nacht nässe ich mein Bett mit Tränen ein.
Mein Auge trübt sich.
Alles verschwimmt in Kummer und Grau.

Weicht, ihr Trauergeister,
die ihr mein Lager umstellt.
Verschwindet, Nachtgestalten,
die ihr mich aufs Totenbett fesselt!
Flieht, Alpträume der Angst,
die ihr mir die Kehle zuschnürt!

Gott erhört mein Weinen.
Mein Flehen und Bitten rührt ihn.
Die Feinde des Lebens lassen von mir ab –
in diesem Augenblick!

Danke, Gott, danke!

Nach Psalm 6,2–11

7 Wer

Wer sein Schwert vorschnell schleift,
schärft die Mordwaffe gegen sich selbst!

Wer voreilig den Pfeil spitzt und den Bogen spannt,
schießt sich ins eigene Knie!

Wer rüstet und rüstet und überall Feinde sieht,
geht an seinem eigenen Mißtrauen zugrunde.

Wer immer nur Unheil sät,
wird seinen eigenen Untergang ernten.

Ich danke dir, Gott!

Du setzt deine Gerechtigkeit durch,
auf deine Weise.

Ich will dir singen.

Psalm 7,13–18

8 Dein Name

Gott, du stehst nicht im Guinessbuch der Rekorde.
Aber dein Name ist größer als alles,
was am Himmel leuchtet und auf Erden herumkreucht.

In allem lebst und webst und bist du.
Alles gründet in dir!

Säuglinge und Wiegenkinder schreien und lachen –
und singen doch nur dein Lied!

Wenn ich emporschaue,
sehe ich deine Zeichen, die Wolken,
die du mit leichter Hand ins Himmelsrund schreibst.

Sonne, Mond und Sterne, feingliedrige Netze der Gestirne,
ziehen ihre Bahn, wie du es willst.

Auch uns Menschen hast du gemacht,
uns und unsere Kinder und Enkel.

Was ist der Mensch, daß du an ihn denkst?
Was sind unsre Kinder, daß du für sie sorgst?

Du machst uns Menschen
nur wenig niedriger als dich selbst.
Du machst uns zu deinem Bild,
schenkst uns alle Menschenwürde!

Aus unseren Augen leuchtet deine Ehre.
Unser Gesicht strahlt deine Freundlichkeit aus.
Unser Mund singt dein Lied.

Du beauftragst uns Menschen.
Du vertraust uns deine Erde an:

das Vieh und die Tiere, die frei leben,
die Vögel unter dem Himmel, die Fische im Wasser
und was sich sonst im Meer tummelt!

Was auf der Erde lebt und wächst,
kreucht und fleucht, atmet und schwimmt,
überläßt du uns Menschen.

Wir sollen die Erde und alles,
was auf ihr wächst und lebt,
pflegen und hegen, beschützen und bewahren, –
für eine gute Zukunft.

So schenkst du deinen Kindern Vertrauen.
Dein Name soll aus allem leuchten.

Und was haben wir aus deiner Erde gemacht?

Nach Psalm 8,2–10

9
10
Ich singe

Ich singe, ich singe und erzähle deine Wunder,
ich rufe sie laut aus, –
und doch ist mir kaum nach Singen zumute!

Du, Gott, bist Richter auf Erden.

Sicher, so scheint sich alles gut zu entwickeln:
Meine Feinde stolpern rückwärts.
Ihre Städte sind entvölkert.
Das Lande des Widersachers liegt in Trümmern.

Du bist meine Burg, mein Helfer.

Und doch schreie ich in Qualen.
Ich weiß nicht, wie es weitergehen soll.
Wirst du mein Schreien hören und mich rächen?

Beuge dich zu mir!
Reiß mich heraus aus Todesgefahr und Angst!
Das Schwerste liegt noch vor mir!

Ich bin gewiß: Die nur sich selbst vertrauen
und ihre Macht spiegeln,
verstricken sich in ihre eigenen Netze,
die sie für mich auslegten.

Sie weiten ihre Macht aus.
Sie fragen nicht nach Recht,
Glauben und Frieden.
Sie werden zugrunde gehen.

Der Arme aber soll nicht vergessen werden.
Dem Unterdrückten soll nicht die Luft ausgehen.

Sie alle, Gott,
werden in deiner großen Gerichtsverhandlung erkennen,
daß sie nichts als kleine, unbedeutende Menschlein sind!

Aber warum bleibst du jetzt fern, Gott,
und versteckst dich in Zeiten der Not?

Unter der Macht der Unterdrücker stöhnt der kleine Mann,
kommt nicht zurecht mit allen Tricks,
die sich die Mächtigen ausdenken.

So liegen die Fakten!

Der Gottlose rühmt sich seiner Habgier!
Der Wucherer preist die Schlauheit
seiner gelungenen Geldgeschäfte!

Aufgeklärt höhnen sie:
„Es gibt sowieso keinen Gott,
der uns belangen könnte!"

Was der Mächtige sich Böses ausdenkt, hat Bestand.
Mit Ränke, die er heimlich schmiedet, kommt er durch!

Daß du, Gott, sein Richter sein könntest,
kommt dem Menschen nicht in den Sinn.

Er sagt sich: „Was kann mir schon passieren?
Bisher hat immer alles geklappt!"

Er lügt und flucht sich durch den Tag!
An seiner Zunge kleben Blut und Dreck!

Er lauert dem Schwachen auf und fängt ihn in seinem Netz.
Aus dem Hinterhalt wird der Unschuldige umgebracht.
Mord und Morddrohungen sind an der Tagesordnung.

Der Gewalttätige prahlt: „Wie soll Gott sich alles merken?
Er wird vergessen und zur Tagesordnung übergehen!"

Steh auf, Gott, erhebe dich!
Suche deine Gebeugten auf!
Du siehst Kummer und Elend!

Du weißt, wie es um uns steht!
Schreite ein!
Fall dem Frevler in den Arm,
leg ihm das Handwerk!

Auf dich verläßt sich der Schwache.
Du hilfst den Witwen und Waisen.

Du, Gott, bist König.
Du hörst, wie deine Unterdrückten schreien!

Mach schwache Menschen stark und mutig!
Alle Unterdrückten sollen ihr Recht zurückbekommen!

Die jetzt noch brennen und morden
und rücksichtslos vorgehen,
laß sie bald ihren Meister finden!

Nach Psalm 9,2–21 und 10,1–18

11 Du liebst Gerechtigkeit

Gott, ich rechne mit dir.
Bei dir bin ich geborgen, finde ich Asyl.

Soll ich wie ein schutzloser Vogel fliehen,
der sich im zerklüfteten Gebirge versteckt?

Es stimmt. Die Welt ist voller Bösewichter.
Sie spannen ihren Bogen.
Schon ist der Pfeil aus dem Köcher geholt.
Schon liegt er auf der Sehne.
Schon zielen sie.
Schon fliegt der Pfeil durchs Dunkel.

Recht und Ordnung brechen zusammen.
Niemand fühlt sich verantwortlich.
Viele schweigen und sehen zu,
wie eine gerechte Lebensordnung zerstört wird.
Auch wer es ehrlich meint,
kann nichts mehr ausrichten.
Wem kann ich noch trauen?

Du, Gott, lebst.

Nicht nur vom Tempelberg blickst du auf uns.
Vom Himmel aller Himmel schaust du auf jeden.
Du siehst genau hin, läßt keinen aus.

Wer übt Recht?
Wer übertritt das Gesetz?
Wer hält auf Gerechtigkeit?
Wer lügt mit frecher Stirn?

Du, Gott, liebst das Recht
und haßt die Gewalt.
Das Feuer der Vernichtung,
die Last von Kriegen und Revolutionen
hältst du für alle bereit,
die die Rechte der Menschen mit Füßen treten.

Wenn wir so weiterleben wie bisher,
wird die Welt untergehen.

Wenn wir uns zu Gott und seiner Friedensordnung halten,
werden wir leben.

Soll ich nun fliehen,
ein schutzloser Vogel,
der die Einsamkeit der Berge sucht,
um zu überleben?

Du, Gott, wirst mich stark machen,
zusammen mit anderen Menschen.
Ich werde deine Gerechtigkeit suchen,
deinen Frieden üben,
deine Redlichkeit wagen – und leben!

So segnest du dein Volk!

Nach Psalm 11,1–7

12 Menschen

Menschen, deren Leben in sich stimmt,
die tun, was sie reden,
werden weniger auf dieser Erde.
Lug und Trug, Gewalt und Täuschung nehmen zu.

Wem kann ich noch trauen? –
Die Leute machen aus Schwarz Weiß und aus Weiß Schwarz.
Ins Gesicht hinein sind sie freundlich.
Hinterm Rücken hetzen sie.

Das Klima ist vergiftet.
Einer hat vor dem anderen Angst.
Ich muß aufpassen wie ein Luchs,
wenn ich nicht untergehen will.
Immer heißt es: „Der Stärkere gewinnt!"
Das erzeugt Mißtrauen und Haß –
Schließlich mische ich selbst
bei diesem tödlichen Spiel mit!

Die Mächtigen, die das Sagen haben,
unterdrücken die Wahrheit.
Sie lügen sich an die Macht!
Alle leben so, als ob wir noch
eine zweite Erde im Kofferraum hätten.
Jeder tut, was er will –
als ob niemand fürs Morgen sorgen müßte!

Befreie uns, Gott,
von denen, die mit glatter Zunge
den Leuten ein X für ein U vormachen.

Sie lachen zynisch: „Was wollt ihr –
wir bringen etwas auf den Markt.
Das setzt sich durch, Gedanken, Worte, Produkte!
Wir werden alles so drehen und wenden,
wie wir es haben wollen!"

Die kleinen Leute werden geduckt.
Sie stöhnen und weinen.
Die Arbeitslosen verlieren ihre letzte Hoffnung.
Die jeden zweiten Tag beim Sozialamt antreten müssen,
gaben längst auf.

„Darum will ich aufstehen und kommen
und denen beistehen,
die Hilfe so dringend brauchen!"
spricht Gott, unser Helfer.

Was Gott sagt, ist wie Silber,
das siebenmal geläutert wurde!

Du, Gott, wirst Wort halten und uns retten.

Die anderen aber, die's so schlimm treiben,
werden sich wundern, wenn du erscheinst
und uns Menschen deine neue Gerechtigkeit schenkst!

Nach Psalm 12,2–9

13 Ein Lied in höchster Not

Wie lange vergißt du mich – auf immer?
Du verbirgst dich vor mir,
daß ich nichts, aber auch gar nichts
von dir erkenne, Gott!

Wie lange muß ich mich noch
in mich selbst einschließen
und meinen dunklen Kummer
am hellen Tage beweinen?

Wie lange noch triumphieren
meine Feinde über mich?

Schau mich an, Gott,
hör mich an!

Ich habe tausend finstere Tode vor Augen.
Laß mich das Licht wieder sehen!

Meine Feinde prahlen: „Wir haben ihn erledigt!"
Meine Widersacher freuen sich, wenn ich stürze!

Ich verlasse mich auf dich, Gott.
Du bist treu!
Mein Herz jubelt.
Du vergibst.
Ich will erzählen, was du mir Gutes tust!
Halleluja!

Nach Psalm 13,2–6

14 So sind die Menschen!

Es gibt Leute, die denken von sich:
„Wir haben voll die Ahnung – es gibt keinen Gott!"

Ja, so sind die Menschen! Jeder denkt an sich,
stört sich an nichts und drückt sich davor,
das Gute, das so notwendig wäre, zu tun.

Gott schaut aus dem Himmel auf uns Menschen.
„Kommt keiner zur Vernunft?"
"Fragt niemand nach mir – nach seiner eigenen Zukunft?"

Es ist so, wie es ist:

Die Menschheit ist auf dem absteigenden Ast.
Einer versteckt sich hinter dem anderen,
entschuldigt sich mit der Schlechtigkeit des Nächsten.
Da will keiner, auch nicht einer, Verantwortung übernehmen!

Wissen denn alle diese Weiße-Kragen-Täter nicht,
wohin ein solches Leben führt?

Wenn wir Menschen alles verbrauchen,
was heute noch da ist,
verbrauchen wir die Zukunft mit –
und fordern Gott aufs Äußerste heraus!

Mit Schrecken werdet ihr geschlagen,
die ihr so mit Blindheit geschlagen seid!

Die Geister, die ihr rieft,
werdet ihr nicht los!

Was euch zu Macht und Geld verhelfen sollte,
wendet sich gegen euch und vernichtet euch!

Ihr werdet es zu spüren bekommen!
Eure schamlose Ausbeutung
des schwächeren Teiles der Menschheit,
hier und in der sogenannten Dritten Welt,
wird wie ein Bumerang auf euch zurückfliegen!

Gott ist bei denen im Schatten!

Er stellt sich auf die Seite derer,
die ein Gespür für das Recht behielten,
das doch auch den Schwächeren zusteht, denen,
die kaum noch atmen können.

Stifte uns neu das Heil ein, Gott!
Wende unser Schicksal,
das Schicksal deines Volkes,
das Schicksal deiner Menschen!

Wenn du zurückkehrst,
werden die Menschen jubeln und singen
und deine Zukunft gern leben!

Nach Psalm 14,1–7

15 Wer hat Anrecht auf Zukunft?

Wer
hat Anrecht auf Zukunft?
Wer
wird das einundzwanzigste Jahrhundert gewinnen?

Wer tut, was recht ist,
und nicht im Strom des Unrechts schwimmt.

Wer kritisch bleibt
gegenüber allen Propagandareden.

Wer sich bemüht,
Feindbilder zu durchschauen und sie abzubauen.

Wer sich nicht blind
mit der Macht verbündet.

Wer auf Taktik verzichtet
und den Schwachen zu seinem Freund macht.

Wer zu seinem Versprechen hält,
auch wenn es ihm Verluste bringt.

Wer mit seinem Vermögen andere nicht ausbeutet,
sondern teilt und auf Zinsen verzichtet.

Wer unbestechlich bleibt
und keine Geschenke annimmt
und so die Freiheit behält,
den Unschuldigen zu schützen.

Wer der Unsitte ‚Eine Hand wäscht die andere!'
Einhalt gebietet und einen geraden Weg geht.

Wer in jedem Menschen seinen Partner,
Gottes Ebenbild, erkennt.

Wer dem zur Seite steht,
der sein Vertrauen auf Gott setzt.

Eine Gesellschaft, die so lebt,
wird Zukunft finden,
weil Hoffnung und Vertrauen
in ihr wachsen können.

Nach Psalm 15,1–5

16 Die helle Straße des Glücks

Ich vertraue mich dir an, Gott.
Dich will ich loben.
Du allein bist mein Gott.

Hinter jedem neuen Hit rennen die Menschen her.
Mal machen sie dieses, mal jenes zu ihrem Abgott.

Heute setzen sie diesen, morgen jenen
auf den Thron ihrer Träume –
und fühlen sich doch so elend,
so enttäuscht und betrogen.

Was ich unter meinem Dach erlebe,
Glück und Wärme und Geborgenheit,
schenkst du, Gott.

Ich freue mich, kann kaum atmen vor Glück.
Ich singe.
Bilder deiner Liebe wachsen vor mir auf,
bleiben mir vor Augen, Tag und Nacht.

Du holst mich aus der Erstarrung zurück,
weckst mich auf aus tausend Toden,
daß ich atme, lache, tanze!

Vor mir liegt die helle Straße des Glücks.

Freude, Freude und das leise Summen
eines vielstimmigen Lebens!

Nach Psalm 16,1–11

17 Gern leben

Prüfe mich, Gott, was ich früher tat und heute denke!

Setze einen Untersuchungsausschuß ein,
der alle Winkel meiner Vergangenheit ausleuchtet!
Nimm du alle meinen Akten an dich!
Kehr meinetwegen zu mittelalterlichen Methoden zurück,
stell mich auf die Feuerprobe, durchglühe, läutere mich!

Ich rede nicht unbedacht. Ich fürchte dein Urteil nicht.
Sonst redete ich mich ja um Kopf und Kragen.
Ich blieb und bleibe auf der Spur deines Rechts.
Ich werde nicht weiter unschuldig leiden.
Du wirst mich hören. Du tust Wunder.

Du, mein Richter, bist auch mein Retter.
Du behütest mich wie deinen Augapfel.
Wie eine Glucke ihre Flügel ausbreitet
und ihre Küken beschützt, so bist du um mich.

Haßgewalt stürmt durchs Land, sucht nach mir.
Schon haben sie mich umzingelt, schmieden sie Mordpläne!

Steh auf, Gott, gib meinen Feinden, was sie verdienen!
An ihrer eigenen Mordgier sollen sie sich überfressen,
an ihrem Blutdurst sich totsaufen.

Ich aber will dein Angesicht schauen:
Deine Gerechtigkeit wirken, deinen Frieden tun
– und gern leben!

Nach Psalm 17,1–15

18 Was wird aus mir?

Was wird aus mir
in einer übervölkerten Welt,
in einer atomverseuchten Zukunft,
zwischen Müll und Schutthalden,
in Ölpest und vergifteten Gewässern?

Was wird aus mir?

Ich bin ein Mikrokosmos,
ein wesenloses Etwas
im Mechanismus der Weltgeschichte,
ein Mensch im Gefängnis seiner Illusionen!

Was wird aus mir?

Ich werde gehetzt und getrieben
durch ein unbekanntes Schicksal,
durch Zufälle,
durch die Macht anderer Menschen,
durch Abhängigkeiten.

Ich bin im Gefängnis.

Was wird aus mir?

Ich möchte leben!

Ich möchte das Wort deiner Liebe hören,
daß du mir vergibst.
Ich möchte deine Hand spüren,
an der ich schon so lange gehe.

Was wird aus mir?

Dein Licht leuchtet.
Du zeigst mir den Weg.
Du machst mich stark.
Mit meinem Gott kann ich über die Mauer springen.
Du machst meinen Schritt sicher.
Du stellst meine Füße auf weiten Raum.
Du gehst vor mir her.
Du bist da.

Du, Gott, forderst mich heraus,
Schritte des Friedens zu wagen,
Wege der Gerechtigkeit zu bahnen,
die Zärtlichkeit deines Atems
an alles auszuteilen,
was lebt,
damit Finsternis Licht
und die dunkle Nacht zum hellen Morgen wird.

Nach Psalm 18,2–51

19 Ich möchte einstimmen

Die Himmel erzählen von Gottes Strahlenglanz,
von seiner Macht.
Der Erdkreis ruft aus, was Gott schuf.

Ein Tag berichtet's dem andern,
eine Nacht flüstert's der anderen zu.

Nichts hörst du, kein Wort, keinen Laut!
Ein unhörbares Summen durchzieht das Weltall.

Das Lied der Sonne tanzt über Meere, durchglüht Kontinente.
Ein ewiger, stilltönender Gesang läuft um den Erdball.

Ein festlich geschmückter Bräutigam reist zu seiner Braut.
So tritt die Sonne aus dunkler Kammer
und läuft wie ein strahlender Held über den Himmel.

Die Sonne geht auf. Die Sonne geht unter.
Sie entfaltet sich von einem Ende des Himmels zum andern
und redet von deiner Güte, Gott, Tag und Nacht.

Nichts, rein gar nichts
bleibt vor ihrem Leuchten verborgen.
Alles, alles holt sie in das Licht meines ewigen Gottes.

Ich will einstimmen
in dieses einzigartige Lied, das nie aufhört.
Ich möchte, Gott, im Liede deines Lichtes leben,
und hell leuchten! Halleluja!

Nach Psalm 19,2–7.12

19 Versprechen

Gottes Weisungen sind ohne Makel.
Sie geben Kraft und Atem.
Was Gott sagt, darauf ist Verlaß.
Selbst Narren werden durch Gott weise.
Was er anordnet, hat seine Richtigkeit.
Seine Taten bleiben bestehen.
Mein Herz ist entzückt.

Unser Gott schweigt nicht.
Seine Gebote erschließen die Welt.
Was Gott entscheidet, wird zur Wahrheit.
Gerechtigkeit breitet sich unter den Völkern aus.
Wer Gott ehrt, wird leben und überleben.
Kostbarer als Gold ist sein Wort,
besser als Feingold in einem wirren Erzhaufen.

Ich, dein Knecht, merke auf.
Ich möchte mit dir leben, Gott.
Wenn ich auf dich höre, wirst du mich stärken.
Irre ich? – Oft genug merke ich es nicht einmal!
Befreie mich auch von unbewußten Fehlern!
Überheblichkeit soll mich nicht verderben.
So will ich auf der Spur deines Rechtes bleiben!

Weise mich zurecht und hilf mir –
hilf mir durch dein Wort!
So werde ich frei atmen und arbeiten und singen
und mit allem, was ich denke, habe und bin,
dich preisen! Halleluja!

Nach Psalm 19,8–14.(15)

20 Für unsere Regierung

Wenn unser Volk in Schwierigkeiten gerät,
stehe Gott uns bei!
Denen, die wir wählten,
unserer Regierung,
gebe er gute Gedanken
und schütze uns alle!

Wenn es eine Hilfe gibt,
kommt sie aus Zion,
aus Gottes Herzen und Heiligtum!

Gott wird sich erinnern,
wie sehr Menschen
nach ihm fragten und ihm dienten.

Er wird hören, was wir erbitten,
was wir für die Zukunft ersehnen.

Wir jauchzen und jubeln.

Es wird keine Sieger,
keine Besiegten geben,
weil Gott den Sieg gewinnt.
Seine Fahne leuchtet auf.
Er wird uns führen und segnen.

Dies glaube ich:

Den er erwählte, den salbt er.
Den er salbt, den wird er stärken.
Gott gibt seinem Gesalbten den Sieg.

Vom heiligen Himmel aus
kämpft und gewinnt er, Gott.

Die einen sind durch Haß, Lügen und Propaganda stark,
die anderen durch Reiterscharen und Panzerwagen,
die dritten durch Heer, Luftwaffe und Marine,
die vierten durch Laserkanonen, Raketen und Antiraketen,
die fünften durch den Machtapparat ihrer Geheimpolizei!

Wir aber sind stark
durch den Namen unseres Gottes.

‚Ich bin, der ich bin.
Ich werde sein, der ich sein werde!'
ist sein Name, und:
‚Ich will aufstehen
und mich der Armen erbarmen!'

Die Machtmenschen gehen in die Knie
und brechen zusammen.
Wir stehen auf und gewinnen das Leben.

Gott, gib deinem Christus den Sieg!
Erhöre uns heute, da wir zu dir rufen!

Nach Psalm 20,2–10

21 Dein König freut sich

Gott, dein König freut sich.
Du hast an ihm deine Macht bewiesen. Nun jubelt er.

Was er sich wünschte, hast du geschenkt.
Was seine Lippen erbaten, hast du nicht verweigert.

Mit glückvollem Segen gingst du ihm entgegen.
Er trägt die Krone aus feinstem Gold.

Er bat um Leben. Du schenktest es,
Atmen und Lachen für morgen und immer.

Sein Ruhm ist groß. Glanz und Licht umgeben ihn.
Du machtest ihn zum Segen für alle Zeiten.
Freude ist in ihm vor deinem Blicken.

In Gott weiß er sich geborgen.
Weil Gott gnädig ist, wird er nicht wanken.

Ein König, sagt ihr, ein König?
Was soll uns heute noch ein König?
Wir sind das Volk!

Ich denke an das Reich des Gesalbten:
Die königliche Herrschaft der Liebe durch unsern Gott am Kreuz, ein Reich der Gerechtigkeit, ein Bild des Segens für immer, durch uns, die mit Chrisma gesalbten und getauften Menschen, mit welchem Öl auch Christus von einer unbekannten Frau für sein Sterben gesalbt wird.

Nach Psalm 21,2–8

22 Warum hast du mich verlassen?

Ich rufe am Tage. Du antwortest nicht.
Ich schreie in der Nacht. Du bleibst stumm.

Wo bist du, Gott, Israels Lied?

Auf dich vertrauten unsere Vorfahren.
Du rettetest sie.
Zu dir schrien sie und kamen frei.
Auf dich bauten sie und überlebten.

Ich aber bin kein Mensch mehr,
eher ein sich windender Wurm.
Die Leute machen sich über mich lustig, verachten mich.
Sie gießen ihren beißenden Spott über mich aus,
verziehen hämisch den Mund,
schütteln verständnislos den Kopf!

‚Er hat sich auf Gott verlassen. Nun ist er verlassen.
Gott soll ihm helfen, wenn der ihn so sehr liebt!'

Stimmt es nicht? Bist du nicht mein Gott
vom Mutterleib und von Kindheit an?

Not und Elend drücken mich zu Boden. Wo finde ich dich?
Wer sich auf dich verläßt, ist verlassen!

Stiernackige Kälberschlächter umstellen mich.
Scharfgemachte Bullenbeißer,
fremde, anonyme Folterer starren mich an.
Geifernde Löwen fressen mich mit ihren ätzenden Fragen auf.
Eine brüllende Soldateska freut sich auf den Schießbefehl.

Gellende Kettenhunde richtet man auf mich ab.
Gleich reißen sie mich in Stücke.
Meine Hände und Füße –
zerquetscht, zerschnitten, verkrüppelt.

Verbrecher foltern mich.

Ich fühle mich wie hingespritztes Wasser.
Ich zähle meine Knochen einzeln.
Ich breche auseinander.
Mein Leben zerfließt wie flüssiges Wachs.
Mein Mund ist trocken, eine heiße Tonscherbe.
Meine Zunge klebt am Gaumen. Ich schmecke Todesstaub.

Schon beäugen mich meine Feinde,
wie Geier das Aas begaffen.
Schon teilen sie meine Kleider unter sich auf.
Über meinen Mantel werfen sie das Los.
Meine Goldzähne schlagen sie mir aus
und bringen sie unters Volk.

Gott, komm doch endlich und hilf mir!
Bist du kein starker Gott mehr?
Jedenfalls hatte ich bisher von dir geglaubt,
du könntest helfen!
Wurdest du zum Greis, zum Schwächling?

Vertreib die geifernde Meute!
Reiß mich aus dem Rachen des Todes!
Hilf mir, ehe es zu spät ist!

Ich will deinen Namen allen Menschengeschwistern sagen.
In deiner Gemeinde will ich von deinen Taten singen.

Ihr, die ihr Gott verehrt, lobt ihn!
Alle Völker, Juden, Christen, Moslems,
alle Menschen dieser Erde,
ehrt und fürchtet unsern Gott!

Er verachtet nicht das Elend der Gebeugten.
Er verwirft nicht die Angst der Zertretenen.
Er verbirgt nicht sein Angesicht
vor denen, die in Not zu ihm schreien.
Er hört ihr Weinen und hilft.

Darum beginne ich leise zu singen:
In großer Gemeinde will ich dich loben, Gott,
meine Versprechen dir einlösen.

Die Verstoßenen werden zu Tisch geladen.
Jubeln sollen, die nach Gott rufen. Ihr werdet aufatmen.
Eure Herzen sollen frei und glücklich schlagen.

Alle Welt wird sich an Gottes Macht erinnern
und zu Gott umkehren.
Die Mächtigen der Erde, nahe und ferne Völker,
werfen sich vor ihm in den Staub.
Sie werden Staub schlucken müssen.
Aber alle, die so tief in den Staub getreten wurden,
werden ihr zerquollenes Gesicht zu Gott erheben.

Meine Seele lebt. Dieses Überlebenswunder
will ich meinen Kindern und Enkeln erzählen.
Von Gott wird man allen künftigen Geschlechtern berichten,
seine wunderbare Taten den Völkern nach uns!

Nach Psalm 22,2–32

23 Du lädtst mich ein

Eine Weide mit frischem Gras,
ein Wald atmet,
ein Garten leuchtet,
ein Acker trägt, –
eine Welt voller Lachen, Brot und Arbeit,
so viele Möglichkeiten!

Eine Quelle sprudelt,
klares, frisches Wasser: ich trinke.

Ich vertraue. Du bringst mich in eine gute Zukunft,
Gott, mein Hirt, mein Beschützer.

Manchmal ist es dunkel. Dann habe ich Angst.
Aber du suchst und findest mich,
bringst mich ins Vertrauen zurück.

Ich habe Hunger und Durst:
ein Tisch wird für mich gedeckt.
Du, Gott, machst mich satt.
Brot und Wein sind meine Speise,
und mein Feind muß zuschauen.

Du lädtst mich in deine Gemeinde ein,
zu Brüdern, Schwestern, Freunden.
Ich bin gern hier, fühle mich geborgen.

Ich danke. Ich werde fröhlich sein.
Ich will dir singen mein Leben lang!

Nach Psalm 23,1–6

24 Die Erde gehört Gott

Die Erde gehört Gott.
Alles, was auf ihr lebt und webt, ist sein,
der Erdkreis und die, die darauf wohnen.

Gott hat Himmel und Erde, Land und Meer gegründet.
Was wir haben und sind, ist nur von ihm geliehen.

Wer darf vor Gott treten, mit ihm reden? –
Alle, die mit dem, was Gott gab, sorgfältig umgehen:
wer sauber bleibt und verantwortlich lebt;
wer vertraut und für das Gute eintritt;
wer nicht alles so dreht, wie er es gerade braucht,
sondern der Gesellschaft ehrlich dient;
wer Dunkel nicht für Hell erklärt –
und das auch noch falsch beeidet.

Den wird Gott segnen und mit seiner Gerechtigkeit begaben.

Eine neue Generation wird aufstehen,
die nach dir fragt und dich sucht,
deinen Frieden, deine Gerechtigkeit, du Gott Jakobs.

Öffnet euch, ihr Tore der Verteidigung!
Macht euch weit, ihr Pforten der Forts!
Verschließt euch nicht länger!
Macht euch nicht unnötig eng, –
ihr braucht nicht vor Kriegern zu schützen!
Der König der Ehren will einziehen!

Wer ist dieser König der Ehren?

Der starke Gott, der Frieden stiftet,
ein Gott der Stärke, ein Held, ein Sieger im Kampf!
Ein Kriegsgott also – er sollte Frieden schenken? –
Ja, vertraut und glaubt!

Öffnet euch, ihr Pforten der Verteidigung!
Macht euch weit, ihr Pforten der Forts!
Der König der Ehren will einziehen!

Wer ist dieser König der Ehren?

Unser Gott sucht offene Türen,
tritt durch unverschlossene Pforten.
Er ist der König der Ehren.

Er ist der Gott der Heerscharen,
die ohne Blutvergießen die Erde bewahren,
Gerechtigkeit üben und Frieden stiften.

Seine Engel der Macht heißen Liebe,
seine Engel des Kriegs Verständigung,
seine Engel des Friedens Versöhnung!

Ja, er ist wirklich der König der Ehren!

Nach Psalm 24,1–10

25 Du deckst meinen Zwiespalt auf

Guter Gott, ich verdränge dich oft aus meinem Leben.

Ich schiebe Menschen zur Seite,
die mich an dich erinnern.

Ich rede immer von dieser Beziehung zu dir –
und lasse nicht zu, daß du dich um mich kümmerst.

Ich sage: ‚Ich gehöre zu dir!'
und meine: ‚Du sollst mir gehören!'

Ich will, daß du dich meinen Wünschen,
Bedürfnissen und Wahrheiten unterordnest –
und wundere mich, wenn du damit nicht einverstanden bist.

Du, Gott, deckst den Zwiespalt auf,
in dem ich so tief stecke:
Ich beklage mein Elend, meine Einsamkeit –
und lasse Veränderungen nicht zu!

Du lädst mich neu ein.

Du, Gott, mein Wagnis, mein Vertrauen, meine Zukunft!
Mach dich selbst zum Weg, auf dem ich endlich losgehe.
Mach dich selbst zur Straße, auf der ich Zukunft finde!

Lade mich in dein Glück ein, in deine Gemeinde,
in der ich Menschen begegne, die mit dir unterwegs sind!

Nach Psalm 25,7–14

26 Schaffe mir Recht!

Vertritt mich, Gott, vor meinen Feinden.
Du weißt, was ich mir zuschulden kommen ließ –
und was nicht!

Du weißt, was Menschen mir vorwerfen –
und was davon den Tatsachen entspricht.

Ich vertraue mich dir an, ohne Wenn und Aber!
Prüfe mich, Gott, auf Herz und Nieren!

Überprüfe meine Lebensakte,
jeden geheimen Kontakt,
jede ungeklärte Beziehung!

Mein Leben sieht so aus:
Ich liebe deinen Bund.
Ich bin dir treu.

Mit Betrügern und Geheimniskrämern
will ich nichts zu tun haben.
Agentenkreise meide ich.
Mit Leuten, die dich und die Menschen verachten,
habe ich keinen Umgang.

Ich wasche meine Hände in Unschuld,
umschreite frei deinen Altar.
Hier, hier habe ich Asyl!

Ich bekenne mich zu dir öffentlich.
Ich singe von deinen großen Taten.
Ich passe mich nicht mit Schweigen an.

Gott, dein Haus ist meine Heimat.
Bei dir ist mein Zuhause.
Ich will da leben, wo dein Glanz aufleuchtet.

Vernichte mich nicht zusammen mit diesen Verbrechern!
Vermisch mein Schicksal nicht mit dem von Gewalttätern.
An deren Fingern klebt soviel Blut.
Jeden Tag lassen sie sich ihre Hände neu
mit Bestechungsgeldern füllen.

Ich gehe meinen geraden Weg!
Hilf mir!
Befreie mich, und sei mir gnädig!

Schon tritt mein Fuß auf sicheren Boden.
In den Versammlungen der Gemeinde
werde ich Gott preisen!

Nach Psalm 26,1–12

27 Ich möchte Licht sein

Ich möchte Licht sein
in einer Welt der Dunkelheiten.

Ich möchte Licht sein,
die Ecken ausleuchten
und mir und anderen zur Klarheit verhelfen.

Ich möchte Licht sein
und allem, was Licht scheut, heimleuchten.

Ich möchte Licht sein
und Menschen in meiner Nähe zum Leuchten bringen.

Ich möchte Licht sein
und Angst in Hoffnung, und Trauer in Freude verwandeln.

Ich möchte Licht sein
und Haß in Liebe, Verzweiflung in Zuversicht verändern.

Gott,
du bist mein Licht.
Du machst meine Finsternisse hell.
Du tröstest mich. Du heilst mich. Du ermutigst mich.

Vor wem sollte ich Angst haben?

Dein Leuchten hat mich angesteckt. Du birgst mich.
Meine Furcht verwandelt sich in Lachen.

Nach Psalm 27,1–6

28 Ich rufe

Ich rufe zu dir,
mein Gott, mein Fels!
Mach dich nicht stumm und taub,
wenn ich schreie!

Wenn du jetzt schweigst, bleibt mir nur
das dunkle, schwarze Loch da unten!

Hörst du mein Stöhnen, Gott?
Ich erhebe meine Hände
und taste mich zu deinem Innersten vor,
zu deiner unfaßbaren, unnennbaren Heiligkeit!
Du darfst dich mir nicht verweigern!

Reiß mich nicht mit den Gottlosen
aus diesem Leben aus!
Sie lächeln ‚Schalom!' dem Nachbarn zu,
aber hinterm Rücken planen sie Schlimmes.
Sie vervollkommnen die Strategie des Bösen.
Das ist ihr Lebenswerk.

Tu du ihnen das an,
was sie selbst verbrechen!
Laß ihre Bosheiten auf sie zurückfallen!
Vergilt ihnen nach ihrem Tun!

Sie achten nicht auf Gottes Wirken.
Was Gottes Hände schaffen,
ist ihnen nicht heilig!
Er wird sie ausreißen und nie wieder einpflanzen!

Gesegnet sei Gott!
Er hört mein Rufen.
Er ist mein Schutz und mein Schild,
meine Wehr und Waffen,
meine Asylburg,
mein Felsennest,
in das ich fliehe!

Zu ihm habe ich Vertrauen.
Gott hilft!
Ich jubele, singe!

Gott selbst beschützt und beschirmt sein Volk,
ein rettender Fels für seinen Gesalbten.
Befreie dein Volk, befreie es –
und hüte es auf deiner Bahn ewig!

Nach Psalm 28,1–9

29 Ihr denkt

Ihr denkt, ihr wäret Gott gleich,
ihr himmlisch-irdischen Kräfte,
ihr Elemente, Feuer, Wasser, Erde, Luft!

Aber nun bringt Ehre, Ehre
Jahwe, unserm Gott.
Dessen herrliches Gewand,
der unendliche Kosmos, leuchtet und leuchtet.

Wenn das Wasser tost, redet Gott.
Wenn Winde sausen, redet Gott,
Wenn Donner rollen, redet Gott.
Alle Fluten brausen sein Wort!

Wer möchte seine Stimme überhören? –
Sie ist gewaltig, voller Schrecken.

Wenn Gott aufsteht, zerbricht sein Toben
blühende Zedern, entwurzelt er älteste Bäume.

Wie ein junges Kalb läßt er den Libanon hüpfen,
das Gebirge Sirion wie einen flinken Widder auf und ab beben.

Wenn Feuer sich entzündet und knistert und brüllt,
wenn Winde hineinblasen und Flammen entfachen, –
es ist immer seine Stimme, die wir hören!

Wüsten erzittern, wenn Gott aufbricht.
Gebirge erbeben, wenn er kommt.
Die Oase von Kadesch schrickt zusammen,
wenn er sich erhebt.

Feuerzungen schlagen aus der Erde,
glühende Lava wälzt sich zischend zu Tal, –
alles seine Worte, sein Tun!

Die Schwellen seines Palastes beben:
‚Gott ist schrecklich und wunderbar zugleich!'

Er, der einzigartige Gott,
befiehlt den Wassern und allen Elementen,
Wellen und Springflut rauschen heran.

Gott ist Gott.
Außer ihm ist keiner.
Alles, alles
gehorcht seinem Wort.

Gott gibt seinem Volke Kraft.
Er überschüttet es mit seinem Segen zum Frieden!

Nach Psalm 29,1–11

30 Ich danke dir!

Ich danke dir, Gott!
Du holtest mich aus dem Totenloch heraus.

Leute, die mich nicht mögen, hatten ihr Urteil fertig:
‚Er macht es nicht mehr lange!'
Aber diesen Triumph hast du ihnen nicht gegönnt.

Ich schrie nach Heilung, – du hast mich geheilt.

Ich stand mit einem Bein im Grabe –
und sprang doch dem Tod von der Schippe.

Singt, spielt, jubelt unserm heiligen Gott!

Es gibt Augenblicke, da bricht alles zusammen –
und doch wachsen Glück und Befreiung neu!

Am Abend sitzest du im Dunkeln und weinst.
Am Morgen kannst du wieder singen und lachen.

Ich schwamm in Glück und Geld.
Nichts konnte mich erschüttern.
Ich stand wie eine Eins,
ein Gebirge aus Gesundheit und Wohlstand.

Dann geriet alles ins Wanken,
brach alles zusammen,
von einem Tag zum andern.
Angst schüttelte mich.
Du warst nicht zu finden.
Was sollte werden?

Ich schrie zu dir.

Was nützt ein Leben,
wenn man sterben muß?

Können Asche und Staub
deine Treue preisen?

Höre mich, hilf mir!

Du hast geholfen!

Meine Todesangst verwandeltest du
in einen Freudentanz.
Mein Sterbehemd tauschtest du um
in ein schimmerndes Festkleid!

Ich will singen und singen
und nie von deiner Gnade schweigen!
Halleluja!

Nach Psalm 30,2–13

31 Meine Zeit

Es geht mir dreckig, Gott.
Ich weiß nicht aus noch ein.
Meine Augen verschwimmen in Angst.
Mein Herz flimmert.
Meine Seele flattert hin und her,
ein ängstlicher Vogel im Käfig.

Ich bin am Ende, seelisch und körperlich!

Sie ziehen über mich her,
gießen ihren ätzenden Spott über mich aus,
stellen mir nach.

In der Presse werde ich auseinandergenommen.
Im Fernsehen stellen sie meine Vergangenheit zur Schau.
Im Radio weiß man Schlimmes von mir.

Meinen Nachbarn werde ich zur Last.
Meine Bekannten zucken zusammen, wenn sie mir begegnen.
Die Leute in der Stadt machen einen Bogen um mich herum.

Bald werde ich zur Unperson erklärt.
Man wird tun, als ob es mich nicht mehr gäbe.

Mein Leben fließt aus,
wie Wasser aus einem zerbrochenen Gefäß ausfließt.

Ich höre die Leute wispern und tuscheln.
Sie zischen und geifern,
hinter meinem Rücken – und offen ins Gesicht.

Sie schreien mich an, wenn sie mich sehen:
‚Verdammter Idiot, du bist an allem Elend schuld!'
Wenn ich mich auf der Straße blicken lasse, wüten sie:
‚Da kommt die Hexe, die uns ins Unglück bringt!'

‚Warum richtest du dich nicht nach den Normen,
die heute gelten?'

Ich höre, wie sie reden. Drohungen von allen Seiten!
Sie rotten sich zusammen.
Ich ahne, was sie mit mir vorhaben.
Sie werden mich aus dem Weg räumen.
Schon höre ich sie schreien: ‚Weg mit ihm! Weg mit ihr!'

Ich vertraue dir. Du bist doch mein treuer Gott!

Hol mich aus der Hand meiner Feinde heraus!
Reiß mich aus den Netzen meiner Verfolger.

In deine Hände befehle ich meinen Geist.
Meine Zeit steht in deinen Händen.
Laß dein Antlitz leuchten, so werde ich gesunden.

Enttäusche du mich nicht, Gott!
Doch alle diese Gewalttäter und Verbrecher
sollen sich täuschen!
Mach sie alle, Gott, mach sie alle alle!
Mit ihren frechen Verleumdungen,
durch die sie Unschuldige gefährden,
soll es ein für allemal ein Ende haben!

Nach Psalm 31,2–19

32 Gott verzeiht

Du sagst dich los von Gott.
Aber er verzeiht dir.
Du bist gesegnet!

Du lehnst dich auf gegen Gott.
Aber Gott vergibt dir.
Du bist gesegnet!

Du verirrst dich im Dschungel des Bösen.
Gott bringt dich auf den guten Weg zurück.
Du bist gesegnet!

Du nennst Böses gut und Gutes böse.
Gott läutert dich zur Wahrheit.
Du bist gesegnet!

Ich schwieg, fraß alles in mich hinein.
Mein Körper verfiel,
mein Leben wurde jämmerlich,
Tag und Nacht kam ich nicht zur Ruhe.
Mein Geist wuchs zum öden, ausgebrannten Feld.
Deine Hand lag schwer auf mir.

Da begann ich zu reden.
Meine Schuld versteckte ich nicht länger.
Ich beschloß, dir, Gott, alle Schwierigkeiten zu sagen.
Ich bekannte dir mein Versagen.
Meine Not schüttete ich vor dir aus!
Du nahmst dich meiner an.
Du vergabst mir Schuld und Fehler.

Vielleicht können euch mein Erfahrungen helfen,
selbst zu vertrauen?

Wenn euch das Wasser bis zum Halse steht,
werdet ihr nicht ertrinken.

Wenn wilde, feindliche, dämonische Heere einherstürmen,
werdet ihr nicht vernichtet.

Gott ist Deich und Schutz und Schild.
Mit Jubelliedern der Rettung umgibt er euch.
Er ist bei euch, befreit zum Leben.

Pferd und Maulesel haben keinen Verstand.
Darum muß man sie bändigen und in Zaum und Zügel legen.
Wir sind doch Menschen und keine Tiere.

Gott wird uns Menschen die Augen öffnen,
Wege zeigen in der Gefahr, unsere Verantwortung,
daß wir eine gute Zukunft finden.

Wer Gottes Ratschläge mißachtet,
schadet sich selbst und seinen Mitmenschen.
Wer Gott vertraut,
den umhüllt er mit dem Mantel seiner Güte.

Jubelt, jauchzt, singt,
ihr, deren Herz fest ist in Gott!
Er will euer starker Gott sein!
Er wird euch segnen!

Nach Psalm 32,1–11

33 Die ihr Gott vertraut

Jubelt, singt, spielt, die ihr Gott vertraut!

Gottes Wort ist eindeutig. Gott ist treu.
Recht und Gerechtigkeit liebt er.
Die Erde ist voll seiner Güte.

Durch Gottes Schöpfungswort entstand der Himmel,
durch den Hauch seines Mundes das Sternenheer.
Er rief die Meere zusammen.
Die Wasser der Tiefe schuf er zu Quellen.

Fürchten soll ihn die ganze Erde.
Erzittern sollen vor ihm alle Erdenbewohner.

Was er spricht, das geschieht.
Was er befiehlt, das kommt.

Gott macht zunichte, was Menschen sich ausdenken,
Er durchkreuzt die Pläne der Mächtigen.

Was Gott plant, hat Zukunft.
Was er vorschlägt, bleibt ewig.

Glücklich die Menschen, deren Gott Gott ist!
Glücklich die Gesellschaft, in der Gott lebt.

Vom Himmel blickt er auf seine Menschen.
Der Herzen schuf, achtet auf Taten.

Wer herrschen will, dem hilft kein Heer.
Wer siegen möchte, baue nicht auf Macht.

Trügerisch ist die Macht des Militärs.
Wenn es ums Ganze, ums Letzte geht,
nützen keine Waffen.

Gott blickt auf die, die ihm vertrauen.
Er wird das Leben dem Tod entreißen
und Hunger und Elend aufheben.

Unsere Seele wartet auf Gott.
Er ist Sonne und Schild.
Unser Herz jubelt.
Gottes Güte bleibt ewig!

Nach Psalm 33,1–22

34 Ich lerne

Mir zerbrach alles, die Geschichte,
Ideologien, mein Lebenskonzept,
die selbsternannte, so sicher geplante Zukunft.

Und nun soll ich sagen: ‚Du bist mir nahe?'

Dieser scharfe Schmerz, diese dunkle Höhle des Leidens!

Ich lerne. Ich lerne,
das Große vom Kleinen zu unterscheiden,
das Bleibende vom Vergehenden.
Ich lerne aus dir, Gott!

Jetzt, in diesen harten Zeiten
lerne ich die Güte.
Heute, da immer noch Mauern ragen,
lerne ich zu vertrauen.
Nun, da ich mit leeren Händen dastehe,
lerne ich die Hoffnung.
Nun, da Haß die Welt regiert,
lerne ich zu lieben.

Du bist mein Lehrer, Gott!
Du bist denen nahe, die zerbrochenen Herzens sind,
und hilfst denen, die ein zerschlagenes Gemüt haben.

Du leitest mich ins Leben zurück!
Danke!

Nach Psalm 34,2–23

35 Im Stich gelassen

Sie stellen falsche Zeugen auf.
Sie vernehmen mich über Sachen,
von denen ich nichts weiß.
Sie zahlen mir meine Aufrichtigkeit mit Folter heim.
Sie jagen mich.
Sie können mich nicht in Ruhe lassen.
Sie werden mich fertigmachen.

Als es ihnen dreckig ging, litt ich mit ihnen,
bezeugte öffentlich meine Solidarität,
als ginge es um Freund oder Bruder.
Ich vernachlässigte mein Äußeres, trauerte.
Alles wurde mir gleichgültig,
als ob meine Mutter gestorben wäre.

Als es mir an den Kragen ging,
klatschten sie Beifall,
kehrten sich ab von mir,
taten sich gegen mich zusammen,
wollten mich nie gekannt haben,
geiferten wie wild und verlangten meine Bestrafung!

Gott, wie lange siehst du dir das an?
Rette mich vor dieser brutalen Masse,
die nach Fleisch verlangt
wie brüllende Löwen in der Arena.
Sie wollen mein Leben, mein einziges Gut!
Hilf mir, ich werde dir danken in der Gemeinde,
in deinem starken Volk!

Nach Psalm 35,11–18

36 Zukunft

So geht es heute zu:

Der Gewissenlose plant ohne Rücksicht.
„Was soll's? Der Mensch ist frei.
Ich werde mich so oder so – oder ganz anders entscheiden!
Ich werde das tun, was mir den größten Nutzen bringt!"

Seine Augen glitzern kalt.
Er spielt mit Mensch und Natur.
Alles, alles wird er ausprobieren!
Die Zukunft formt sich nach seinen Gedanken.
Dabei wird er schwerste Risiken in Kauf nehmen.

Er scheint sich seiner Sache sehr sicher zu sein.
Dann wieder schwankt er
zwischen wildem Haß und Selbstanklage.
Was er redet und tut,
wie er mit dem Leben spielt, –
immer stiftet er Unheil, Verwirrung, Untergang!

In dunkler Nacht brütet er Schlimmes aus.
Vor nichts schreckt er zurück.
Jedes Mittel ist ihm recht.

Schließlich gibt er auf.
Nichts ergibt mehr einen Sinn.
Er weiß nicht weiter.
So steuert der Mensch in den Untergang.

Du, Gott, hast eine andere Zukunft mit uns vor:

Deine Gnade reicht, soweit die Himmel gehen.
Deine Güte ragt, soweit die Wolken ziehen.
Deine Entscheidungen sind sicher und fest
wie der Berg, auf dem du wohnst.
Deine Gerechtigkeit ist unauslotbar wie das tiefe Meer.

Für alles und alle hast du einen Lebensplan.

Du schließt einen Bund mit uns,
mit uns Menschen und mit aller Schöpfung!
Du bist heilig und gut.
Menschen und Tieren wirst du zum Helfer.
Groß ist deine Güte, Gott!

Menschen bergen sich im Schatten deiner Flügel,
sättigen sich am Guten, das du schenkst,
stillen ihren Durst an deinem Freudenbach.

Das glaube ich für meine Zukunft:

Bei dir ist die Quelle des Lebens.
In deinem Licht schaue ich das Licht.
Erhalte mein Herz bei dem einen,
daß ich dich ehre und liebe.

Für alle, die ehrlich aufbrechen,
baust du das Zelt der Gerechtigkeit.
Unter diesem Zelt können wir Menschen
arbeiten und leben, atmen und lachen.

Recht und Frieden wachsen,
eine gute Zukunft des Vertrauens,
weil du, Gott, die Ohnmächtigen schützt.

Du schenkst Gnade und bringst so
mir und allen Menschen dieser Erde das Recht zurück:

Ich werde nicht vom Stiefel übermütiger Gewalt zertreten,
werde nicht von sinnloser Zerstörungswut vertrieben.
Ich werde nicht entwurzelt und heimatlos gemacht,
von der Faust gottloser Gewalttäter zerquetscht!

Siehe, siehe!
Der Gewissenlose fällt,
stürzt zu Boden,
bleibt liegen,
richtet sich nicht mehr auf!

Ich aber werde leben und von deiner Macht singen!

Nach Psalm 36,2–13

37 Lebensalphabet

Atme durch
und zerfrans dir nicht das Maul über Taugenichtse.
Reg dich nicht über Leute auf,
die das Gesetz umgehen.
Sie blühen auf und welken schnell
wie Gras und Unkraut, die bald verdorren.

Bleibe im Lande und nähre dich redlich.
Vertraue auf Gott, und tue Gutes.
So hast du deine Freude an Gott.
Er wird dir geben, was dein Herz begehrt.

Cäsaren kommen und gehen.
Befiehl du Gott deine Wege.
Hoffe auf ihn! Er macht es wohl.
Des Morgens leuchtet dein Recht auf,
und schon mittags wird es dir zugesprochen.

Du sei stille zu Gott! Hoffe auf ihn.
Beneide die nicht,
die so oder so alles hinkriegen.
Streite dich nicht mit Leuten herum,
die es auf Streit anlegen.
Das bringt nur böses Blut.

Es hilft,
ruhig und gelassen zu werden, statt aufzubrausen.
Halt deinen Kopf klar, und red dich nicht in Rage.
Wer Böses tut, verspielt seine eigene Zukunft.
Wer auf Gott vertraut,
dem wird Zukunft zuteil.

Fast sieht's so aus, als behalte Unrecht die Oberhand.
Aber achte darauf, wie sich die Dinge entwickeln!
Die unterdrückt wurden, werden das Land besitzen,
an einer guten Zukunft werden sie sich freuen.

Güte zu verneinen, heißt Gott zu verneinen.
Wer sich dem gütigen Gott versagt,
wird seine Mitmenschen hart behandeln.
Aber Gott schenkt dem Gebeugten Land, dem Gütigen Zukunft.

Hassen und sich an nichts zu stören, bedeutet Krieg!
Die Armen und Unterdrückten
haben dann nichts zu lachen.
Aber wer das Schwert nimmt,
wird durch das Schwert umkommen.
Kriege sind sinnlos.

Ist es nicht besser,
in kleinen Verhältnissen zufrieden zu sein,
als auf Kosten anderer sich reich und dick zu fressen?
Der Skrupellose wird sich den Hals brechen.
Wer gerechten Handel treibt, den stützt Gott.

Jubele Gott zu!
Er kennt die rechtschaffenen Menschen!
Was sie erwerben, wird ihnen bleiben.
Wenn Unheil hereinbricht, werden sie's überstehen.
Wenn Hungersnöte kommen, werden sie trotzdem satt.

Keiner, der Gottes Gesetz verlacht, wird bleiben.
Wer nur sich selbst kennt und Gott mißachtet,
wird wie ein prächtiges Erntefeld im Kriegsbrand
verbrennen und in Rauch aufgehen.

Leute, die Gottes Recht mit Füßen treten,
werden bald borgen müssen und nicht zurückzahlen.
Wer gerecht lebt, wird freigiebig sein
und gern wegschenken.

Menschen, die Gott segnet,
gewinnen das Land.
Wen Gott verflucht,
der verliert alles.

Namen kommen und vergehen.
Wer mit Gott geht, wird seinen Weg machen.
Wenn er stolpert,
wird Gott ihn stützen.

Ob ich irgendwelche Beweise für dich habe, Gott? –
Ich war jung und wurde alt.
Aber niemals sah ich,
daß der Gerechte alleine stand
und seine Kinder nach Brot schrien.

Patentrezepte gibt es nicht.
Aber immer sei der Gerechte hilfsbereit.
Er leihe ohne Zögern.
Seine Kinder werden ein Segen sein.

Qual und Leid durchtränken die Welt.
Meide das Böse, tue das Gute,
Suche Frieden, jage ihm nach!
So wirst du im Lande bleiben.

Recht und Gerechtigkeit liebt Gott.
Er verläßt nicht, die ihm treu dienen.

Wer Böses tut,
hat keine Zukunft.

So soll es sein:
Der Gerechte nenne das Unrecht beim Namen.
Er sage und tue, was recht ist.
Gottes Gebote leben in ihm.
Er gehe seinen geraden Weg.

Tun und Vertrauen gehören zusammen.
Wer gerecht lebt, wird im Lande wohnen bleiben,
auch wenn der Gottlose ihm auflauert
und ihn umbringen will.

Um keinen Preis überläßt Gott
den Gerechten der Gewalt.
Und wird er hingerichtet oder gemordet,
ist er doch längst nicht vergessen und verdammt.

Vertraue auf Gott!
Er wird dir das Land schenken.
Du wirst erleben,
wie Gottlose scheitern.

Wisse auch dies:
Gottlose sind nicht einfach gottlos!
Gewalttat und Unrecht mengen sich zusammen.
Haß und Neid zerstören das Zusammenleben.
Mißtrauen und Angst bauen höchste Mauern.

Laß dir kein **X** für ein U vormachen!
Ich sah Gottlose
voller Stolz, Macht und Willkür,

– hochgereckte Zedern im Libanon!
Ich kam später vorbei –
die Bäume waren gefällt!
Noch einmal ging ich und suchte –
und fand gar nichts mehr vor!

Ypsilon, die vorletzte Weisung:
Beobachte, die reinen Herzens sind,
schau dir die Redlichen gründlich an!
Wer gerecht lebt, kommt zu Heil und Wohlstand.

Zuerst und zuletzt gilt:
Wer sich von Gott abkehrt, wird untergehen.
Sein Ende ist namenlos.
Die Gerechten aber wird Gott retten.
Sie werden entkommen und frei sein!

Anfang und Ende –
In Gott wirst du dich bergen.

Dies sei dein Lebensalphabet!

Nach Psalm 37,1–40

38 Ein Überlebenskampf

Gott, du hast eine ganze Menge gegen mich.
Ich weiß das. Ich mache mir nichts vor –
und will auch dir nichts vormachen!

Aber willst du wirklich die Methoden der Vergeltung
auf mich anwenden, wie sie allgemein üblich sind?
Züchtige mich nicht in deiner Enttäuschung über mich!
Mach mich nicht fertig,
wie hierzulande einer den anderen fertigmacht!
Du richtest niemanden hin, streckst keinen einfach nieder!

Mein Körper wird von Krankheit geschüttelt,
meine Knochen werden von innen ausgezehrt!
Was ich ausbrütete, wuchs mir über den Kopf!
Alles bricht zusammen! Meine Wunden stinken.
Ich hätte mir dieses Elend selbst zuzuschreiben.
Sagt man mir.
Mir schwindelt. Ich falle tiefer und tiefer.
Niemand löst mich aus meiner Depression,
aus meiner Verzweiflung.
Selbst meine Hoden eitern.
Nichts blieb gesund an mir.
Ich bin erschöpft und zerschlagen,
schreie laut auf, Verwirrung im Herzen.

Gott, du weißt, was ich möchte.
Ich brülle dir die Ohren voll.

Mein Puls flattert. Meine Kraft läßt nach.
Es wird mir schwarz vor den Augen.
Meine Verwandten und Freunde rücken von mir ab.

Sie ekeln sich, mich noch zu berühren.
Die Nachbarn blieben längst fern.
Die Menschen wollen mich loswerden, geben mich auf.
Meine Feinde blähen sich, nun kämen sie an die Macht!
Sie reden sich den Mund fusselig,
verbreiten finstere Theorien über meine Vergangenheit.
Ich werde taub, kann nicht mehr hören,
verstumme, kann nicht mehr reden.

Ja, da sitzt vielleicht die Chance:
Ich will nichts mehr sagen, nur dir zuhören!
Ich warte auf dich, Gott! Du kannst mir helfen.

Manchmal denke ich:
„Wenn es doch bald mit mir zu Ende ginge!
Sollen sie sich doch breitmachen, wenn ich kippe!"
Ich bin auf meinen Sturz gefaßt.
Ich halte meine Schmerzen nicht mehr aus.
Die Räuber des Lebens, Fieber, Eiter, Angst,
sind überstark!
Meine engsten Freunde lügen mich an.
So zahlt man mir mit Niedertracht das Gute heim.
Ich habe nur das Beste gewollt! – Und nun dieses Ende!
Ich will nichts beschönigen. Alles war, wie es war!
Ich klage niemanden an – und bin unendlich voll Jammer
über mich selbst und meine Freunde von gestern,
über diese schlimme Entwicklung.

Verlaß mich nicht, Gott!
Komm und hilf mir, bevor es zu spät ist!
Gott, du mein Heiland!

Nach Psalm 38,2–23

39 Nur eine Handspanne

Ich hatte mir vorgenommen zu schweigen.
Ich wollte meine Zunge hüten,
meinen Mund mit einem Schloß verschließen.
Nichts sollte aus mir heraus,
solange Todesterror und Folter mich jagten.
Ich schwieg und sagte kein einziges Wort,
schwieg von meinem unsagbaren Unglück.

Da wurde mein Schmerz neu aufgewühlt.
Glühende Lava stieg in mir auf.
Ein Feuer verbrannte mich von innen!
Ich mußte einfach losschreien!
‚Gott, sag mir endlich, wann es mit mir aus ist!
Sag mir, wie lange es noch dauert,
sag mir, wann ich krepiere,
damit ich kapiere,
wie vergänglich ich bin!'

Ich weiß, nur eine Handspanne überlebe ich,
nur eine Handbreit dauern meine Tage.
Ein langes Leben wird zum Nichts vor dir,
ein Windhauch kaum, ein kurzer Atem! –
So ergeht es allen.
Jeder ist nur ein Schatten seiner selbst.
Was der Mensch leistet und zusammenträgt,
heimsen andere ein.
Worauf warte ich noch?

Meine Hoffnung läuft zu dir, Gott!

Reiß mich heraus aus dieser Zerstörung!
Überlaß mich nicht dem Spott und dem Hohn der Lebenden!
Mach mich nicht zum Narren!
Ich will stille sein und aufhören zu jammern.
Du hast es so gefügt.

Aber nimm doch diesen Druck von mir!
Deine Hand ist mir zu schwer!

Bestrafst du einen Menschen,
weil er schuldig wurde?
Dann wärest du nicht mehr als eine Motte,
die sich in die Pracht des Lebens einfrißt!
Dann stimmte es wirklich –
der Mensch ist nur ein kurzer, unwesentlicher Hauch!
Hör, Gott, wie ich schreie!
Schweig nicht einfach zu meinen Tränen!

Auch wenn ich nur Gast auf dieser Erde bin, –
ich bin doch dein Gast, nicht besser und nicht schlechter
als andere Menschen vor mir, die an dich glaubten!

Und die durften leben und leben und lachen!

Gott, wenn du mich nur im Zorn anschauen kannst,
schau einen Augenblick weg,
damit ich lebe und lache,
ehe ich verrecke und nicht mehr bin!

Nach Psalm 39,2–14

40 Ich verschließe meine Lippen nicht

Ich schreie.

Unbeirrt warte ich auf Gott.
Er wird sich zu mir neigen und mich hören.

Ich war isoliert,
ging haltlos unter,
versank im Morast.
Gott holte mich heraus,
schenkte mir wieder festen Boden unter die Füße.

So begabte er mich mit einem neuen Lied,
mit einem Lobgesang für ihn.
Viele sollen hören, schauen und aufmerken –
und Gott mit mir vertrauen.

Glücklich der Mensch,
der in Gott sein Zuflucht sucht
und nicht auf Arroganz und Lügen hereinfällt!
Er wird leben.

Große Wunder und Taten tut Gott.
Soll ich davon erzählen?
Ich käme nicht ans Ende!
Mit nichts und niemand ist Gott zu vergleichen.

Möchtest du, Gott, Opfer an Speisen und Braten?
Darauf verzichtest du gern!
Aber hast du mir nicht Ohren in den Kopf gemeißelt,
daß ich höre, was du von mir willst?

Nein, Fleisch und andere Opfergaben
willst du nicht von mir.
Aber ich kenne dein heiliges Wort
und sage: ‚Siehe, hier bin ich!
Ich weiß, was du mir zu lesen und zu leben aufgibst!'

Ich möchte deinen Willen erfüllen.
Dein Gesetz ist mir ins Herz geschnitten.
Davon will ich deiner Gemeinde singen,
ihr deinen Ratschluß kundtun.

Ich verschließe meine Lippen nicht.
Gott, du weißt es.
Ich predige vor allen Leuten.
Deine Gerechtigkeit verberge ich nicht im Innern.
Ich rede von deiner treuen Hilfe.
Ich verschweige nicht deine Güte und Bundeshuld.
Ich erzähle davon, wie du befreist.
Ich berichte allen, daß du, Gott, Gott bist.

Du wirst dich nicht vor mir zumachen.
Du wirst dich erinnern und dich meiner erbarmen.
Dein Bund und deine Treue werden mich stärken.
Ich werde leben, weil du mich behütest.

Nach Psalm 40,2–12

41 Come back

Glücklich soll man den nennen,
der sich um Glücklose sorgt.

Es wird sich herausstellen:
Gott ist auf der Seite des Helfers.
Er hilft dem weiter, der dem Hilflosen hilft.

Wenn Feinde einhertoben,
gibt Gott diesen Menschen nicht preis.

Wenn ein solcher Mensch kränkelt, wird er gesunden.
Er wird wieder auf die Beine kommen und leben.

Die Realität sieht freilich anders aus:

Ich schreie zu Gott: ‚Sei mir gnädig! Heile mich!
Vielleicht habe ich alles falsch gemacht!'
Meine Feinde rechnen mit dem Schlimmsten:
‚Wann ist es mit ihm aus? Das dauert nicht mehr lange!'

Es geht mir dreckig!

Kommt jemand zu Besuch, verstellt er sich.
Später, wenn er mich verlassen hat,
reimt er sich Bosheiten zusammen,
dummes Zeug, das gern weitererzählt wird.

Alles hat sich gegen mich verschworen:
‚Er hat sich was auf den Hals geladen.
Das haut ihn um. Davon erholt er sich nicht mehr!
Wer einmal liegt, steht nicht so schnell wieder auf!'

Sogar mein engster Freund,
dem ich voll vertraute,
dem ich Arbeit und Brot gab,
tut sich wichtig und trumpft auf.

Du, Gott, sei mir gnädig!
Hilf mir wieder auf die Beine,
daß ich es ihnen zeige!
Daß du mich liebst, könnte ich am besten glauben,
wenn du mir die Chance zu einem come back gäbest.

Wende dich mir wieder zu!
Ich habe mir doch nichts Wesentliches
zuschulden kommen lassen!
Du weißt es: Ich bin unschuldig!

Darum stellst du dich zu mir.
Du läßt mich nicht fallen.
Du bist treu und richtest mich auf!

Gesegnet sei Jahwe, Israels Gott,
von Ewigkeit zu Ewigkeit. Amen.

Nach Psalm 41,2–14

42 43 Ich habe Schwierigkeiten

Ich habe Schwierigkeiten mit mir selbst.

Ich traue mir nicht –
und auch nicht den anderen.

Ich sehe niemanden.

Ich verliere alle.

Ich bin allein.

Wenn ich allein bin,
lasse ich den Wind durch mein Gesicht singen.
Die Sonne glüht auf meinem Körper.

Aber Wind und Sonne können mir nicht alles sagen.

Wenn ich allein bin,
spricht meine Seele mit mir selbst.

Aber ich habe Angst,
ich falle ganz in mich zurück.

Wenn Ich allein bin,
höre ich Radio und lese eine Geschichte.
Ich schreibe einen Brief.

Aber das Gerede des Radiosprechers bleibt Gerede.

Besser ist es,
ich warte auf die Zeilen eines Freundes.
Aber wenn er nicht antwortet?

Ich bin allein.

Manchmal wage ich eine Hoffnung:

Du, Gott, führst mein Leben.
Du bringst mich zu Menschen,
die mit mir feiern und fröhlich sind.
Du leitest mich zu deiner Gemeinde,
in der ich Freunde finde
und Mut zum Leben,
Menschen, die mich ein Stück begleiten.

Nach Psalm 42/43

44 In schwieriger Zeit

So soll es einmal gewesen sein, erzählt man im Volk!

Was Eltern und Großeltern berichten, hörten wir:
Zu ihrer Zeit warst du am Werke, Gott,
mit eigener Hand.

Du vertriebst fremde Völker,
doch dein Volk fand Heimat.
Du zerschlugst Nationen,
dein Volk entfaltete sich.

Nicht mit Waffengewalt besetzten unsere Vorfahren das Land.
Nicht durch militärische Macht wurden sie groß.
Deine Hand und dein Arm,
dein leuchtendes Angesicht waren bei ihnen.
Du hattest sie lieb.

Wer heute Verantwortung trägt, muß wissen, was er tut:

Du, Gott, bist auch heute unser König,
Jakobs Heil und Sieg.

Wer uns bedrängt, dem widerstehen wir in deinem Namen!
Wer uns vernichtet, wird deine Macht spüren.
Ich vertraue nicht den Waffen.
Militärische Macht bringt nicht den Erfolg.
Nein, du selbst gibst Sieg um Sieg über die Unterdrücker.
Du, Gott, bist unser Ruhm.
Deinen Namen preisen wir ewig.

Das ist unser Bekenntnis.
Aber die Wirklichkeit sieht anders aus:

Du hast uns abgeschrieben.
Wir sind ein verlorener Haufen.
Du bleibst zuhause, wenn unser Heer auszieht.

Du jagst uns in die Flucht.
Die uns bedrängen, finden leichte Beute.

Du machst uns zum Schlachtvieh.
Zerstreut auf fremden Hügeln liegen die Toten.

Du verkaufst dein Volk um ein Nichts,
und um nichts wirfst du uns weg.

Unsere Nachbarn spucken auf uns.
Die umliegenden Völker verspotten uns.

Sprichwörtlich wurde unsere Not.
Überall schüttelt man über uns den Kopf.

Bilder der Schmach stehen mir vor Augen.
Schande bedeckt das Gesicht.

Ich höre sie lästern,
spüre rachgierige Blicke.

Wir geben es nicht auf,
mit dir, Gott, zu reden.

Das alles kam über uns, obwohl wir dich nicht vergaßen
und deinen Bund nicht verleugneten.

Unser Herz verlor sich nicht an Fremdes.
Wir wichen nicht von deinem Weg ab.

Du hattest keinen Grund, uns zu den Schakalen zu schicken,
uns in die Finsternis zu jagen.

Hätten wir deinen Namen vergessen,
zu einem fremden Gott gebetet?

Dem wärest du auf jeden Fall auf die Spur gekommen.
Du kennst die Geheimnisse unseres Herzens.

Du selbst, Gott, bist der Grund, daß man uns umbringt,
uns zum blökenden Schlachtvieh macht.

Wir sind am Ende und wenden uns an dich:

Wach auf! Warum schläfst du, Gott?
Erwache! Verrat uns nicht ewig!

Warum versteckst du dich,
vergißt, daß es uns elend und schlimm geht?

Wir schlucken Staub.
Schlammüberkrustet wühlen wir uns durch den Dreck.

Steh auf! Hilf uns! Befreie uns!
Du hast doch deine Treue verheißen!

Nach Psalm 44,2–27

45 Liebe, Schönheit, Stärke – eine Hochzeitsliturgie

Mein Herz singt.

Ich singe ein Lied für den König und seine Braut.

Mund, Lippen und Herz will ich aufwecken,
daß sie die Liebe beschreiben.
Ich will für immer notieren, was eure Liebe ausmacht!

Ich singe für den König, der nun mein Sohn wird!

Du bist ein sehr schöner Mann, der schönste der Adamssöhne.
Anmutig – deine Lippen. Deine Gestalt – gesegnet.

Gürte dein Schwert dir zur Seite.
Edel und schön siehst du aus!

Glück dir! Steig auf den Streitwagen, und fahre los!
Kämpfe für Treue, Demut und Gerechtigkeit!

Spann die Bogensehne! Siege!
Du schießt und triffst. Ganze Völker unterliegen dir.

Die vertrittst Gottes Recht und Rechtschaffenheit.
So wird deine Herrschaft für immer bleiben.

Du liebst das Recht und haßt die Untat.
Darum hat dich Gott gesalbt und sonst keinen.

Deine Gewänder duften nach Myrrhe und Aloe.
Aus elfenbeinernen Palästen erklingt Saitenspiel für dich.

Königstöchter schreiten einher,
geschmückt mit Kostbarkeiten, deine Geliebten.

Sie führen die Braut,
mit Gold aus Ophir geschmückt, dir entgegen.

Und so singe ich für die Braut, der Brautvater!

Höre, meine Tochter, schau her, und höre zu!

Was dein Leben füllte, die Sitten deines Volkes,
das Leben im Elternhaus, geht zu Ende.
Löse dich davon los!

Der König sehnt sich nach dir,
nach dir und deiner Schönheit. Öffne dich ihm!

Du strahlst in Schönheit, Königstochter!
Korallen und Edelsteine schmücken dich.

Im goldbestickten Brokatgewand
wirst du ins Schlafgemach des Königs geführt.

Junge Frauen, hübsche Gespielinnen, begleiten dich.
Musik, Gesang und Freudenrufe leiten die Hochzeit ein.

Statt des Vaters wirst du Söhne um dich haben.
Du wirst sie zu Fürsten in anderen Ländern machen.

Deinen Namen will ich kommenden Generationen einprägen.
So werden dich die Völker preisen immer und ewig.

Nach Psalm 45,2–18

46 Die wirklichen Herren

Wer die wirklichen Herren der Welt sind:

Nicht die Politiker,
denn sie sind von der Wählergunst
und dem Wohlwollen ihrer Militärs abhängig.
Keiner von ihnen regiert länger
als eine halbe Generation.

Nicht die Wissenschaftler,
denn sie gehorchen den Industriebossen,
müssen deren Ideen verwirklichen –
Rüstungsforschung und Genmanipulation,
anstatt Wüsten zu bewässern und Felsen zu bewalden.

Nicht die Pressemenschen,
denn sie machen sich jeden Tag aufs Neue
unglaubwürdig mit ihren Sensationen,
die man sowieso
übermorgen wieder vergessen hat.

Nicht die Wirtschaftsmagnaten,
denn oft genug wird ein Konzern von dem anderen gefressen.
Das mächtige Wirtschaftsimperium von heute
ist vielleicht morgen
nur noch ein Clou von gestern.

Nicht die Künstler und Poeten,
denn sie sind häufig bezahlte Abenteurer,
die sich nach dem Geschmack der Masse richten,
um wirtschaftlich zu überleben,
Propheten, die dem Volke nach dem Munde reden.

Nicht Parteien und Vereinsvorstände,
Öffentlichkeitsreferenten und Meinungsforscher,
die nach publicity süchtig sind,
ihre Chancen nach Bruchteilen von Prozenten ausrechnen –
und so ihr Gewissen verkaufen.

Du, mein Gott, schaust hinter die Kulissen.
Alle, die so mit ihrer Macht spielen,
sind ohnmächtig vor deinem Namen,
vor deinen Ideen.

Wer sich zu dir bekennt,
erkennt, daß diese Weltgeschichte nur einen Herrn hat,
der allein wert ist,
‚Herr' genannt zu werden:
Du, mein Gott.

Andere Herren gehen, unser Herr kommt!

Halleluja!

Nach Psalm 46,2–12

47 Ehre ohne Grenzen

Klatscht in die Hände, ihr Völker alle,
jubelt unserm Gott zu!
Denn unser Gott ist höchster und mächtigster König,
ein Großkönig über alle Welt!

Er beugt Völker unter unsere Macht,
bringt fremde Nationen dazu, uns zu huldigen.

Er gestaltet unsere Zukunft, teilt sie als Erbe an uns aus.
Er ist stolz auf Jakob, liebt sein Volk.

Unter Siegesliedern steigt Jahwe auf, unser Gott.
Posaunen begleiten seinen Aufzug.

Spielt auf unserm Gott, spielt auf!
Spielt unserm König auf, spielt auf!

Gott ist König über den ganzen Erdkreis!
Ihm allein singt euer Lied!

Gott ist König über alle Nationen.
Von seinem heiligen Thron aus regiert er die Welt!

Die Regierungen der Völker versammeln sich,
sie werden zu einem Volk, zum Volk des Gottes Abrahams.

Gott gehören alle Machtpotentiale dieser Erde.
Seine Ehre kennt keine Grenzen.

Nach Psalm 47,2–10

48 Was für ein Gott, was für eine Stadt!

Groß ist Gott,
in unseres Gottes Stadt preisen wir ihn!
Sein heiliger Berg, ein wunderbarer Hügel,
entzückt und beschenkt mit Wonnen.

Vom Berg Zion, dem heiligen Götterberg im Norden,
unerreichbar, uneinnehmbar gelegen,
wird Gott die ganze Welt regieren –
die Stadt des größten Königs.

Gott wohnt in ihr. Darum beschützt er sie.

Wir erinnern uns:

Könige verschworen sich, umlagerten die Stadt.
Sie schauten hin, erstarrten verwirrt, jagten davon.

Zittern ergriff sie,
sie zuckten wie eine Gebärende.

Panik fuhr unter sie, wie wenn wilder Oststurm
Schiffe, die weit im Westen fahren, zerschmettert!

Was uns angesagt wurde, was wir hörten,
haben wir selbst erlebt –

In unseres Gottes Stadt ist dies geschehen,
durch den Herrn der Heerscharen!
Gott läßt seine Stadt stehen für immer.

Und so wird unsere Zukunft aussehen:

Wir versammeln uns im Tempel
und erzählen von deiner Bundestreue.

Dein Name geht um den Erdball, du, unser Gott.
Dein Ruhm dringt bis in den letzten Winkel dieser Welt.

Machtvoll übst du Gerechtigkeit. Zion freut sich.
Du hältst Gericht. Juda frohlockt.

Darum brechen wir zum feierlichen Festzug auf.

Umschreitet, umschreitet den Zion,
in großer Prozession!

Achtet auf Zions Bollwerke,
zählt die Türme, durchwandert die Paläste!

Und erzählt den künftigen Generationen:
So ist Jahwe, unser Gott!

Er ist ein Gott des Schutzes und des Heils
für immer und ewig! Er wird uns leiten.

Nach Psalm 48,2–15

49 Einsichten

Hört zu, ihr Völker, Bewohner der Welt,
einfache Leute und Obere Zehntausend!
Aus meinen Erfahrungen und Einsichten berichte ich:

Manche Menschen verlassen sich auf ihre Macht und ihr Geld.
Sie geben mit ihrem Reichtum und ihren Ämtern an:
‚Jeder kümmere sich um seine eigenen Angelegenheiten!
Uns überlasse man die Sorge für die Zukunft!
Wir haben den größeren Überblick!'

Vor diesen Leuten habe ich Angst. Warum eigentlich?

Niemand kann Gott die Zukunft abkaufen,
weder seine eigene noch die anderer Leute.
Der Preis ist zu hoch, unbezahlbar!
Keiner wird ewig jung bleiben.
Alle werden älter,
werden zu Staub und zu Asche!

Die Klugen sterben, die Großen,
die armen Wichte und die Toren.
Alle überlassen, was sie erwarben,
ob nun viel oder wenig, anderen.

Sechs Bretter aus Holz in dunkler Erde
sind ihre endgültige Wohnung,
auch dann, wenn diese Leute ganze Länder regierten.

Der Mensch wird und wird nicht einsichtig.
Er putzt sich heraus – und gleicht doch dem Vieh,
das abgeschlachtet und als Fleischpaket verkauft wird.

Auch der Stärkste und Klügste macht sich zum Narren,
wenn er Gott aus dem Spiel läßt.
So voll Sicherheit sind diese Leute,
so vermessen, so selbstherrlich.
Sie trauen sich die ganze Zukunft zu.

Und sind nur sterbliche Menschen,
die sich vom Tod nicht loskaufen können.

Ein Mensch mag Macht und Geld zusammenraffen.
Aber wenn er nicht offen ist für die Einsichten des Lebens,
die Gott ihm schenken will,
geht er zugrunde wie das liebe Vieh!
Der Tod ist sein Hirte,
die Totenwelt sein Weidegrund auf ewig.

Mich aber hat Gott losgekauft.
Er riß mich aus dem Totenreich heraus!

Darum werde nicht bange, wenn jemand reicher wird
und der Glanz seines Hauses sich vermehrt.
Im Sterben nimmt dieser Mensch nichts mit.
Das letzte Hemd hat keine Taschen.
Mag er sich auch noch so sicher fühlen!

Ja, so ist der Mensch, ein eitles, ichsüchtiges Wesen,
gleich dem Vieh, das auf dem Schindanger verkommt,
ein Wesen ohne inneren Fortschritt
und ohne wesentliche Besserung, ohne Einsicht,
ohne Würde, ohne Gottesfurcht!

Nach Psalm 49,2–21

50 Was Gott mit uns vorhat

Der große und allmächtige Gott,
Gott aller Götter, Herr aller Herren,
ruft die Schöpfung zu sich, redet mit seiner Erde
vom Aufgang der Sonne bis zu ihrem Niedergang.
Vom Zion, dem schönen Berg Gottes, strahlt er auf.

Unser Gott kommt und schweigt nicht!

Vor ihm laufen Feuer, um ihn her toben Gewitter.
Himmel und Erde, ruft Gott,
ihr seid mein Geschworenengericht!
Holt mir die Menschen zusammen!
Ich will Gericht halten.
Ihr Menschen, ihr mein Volk,
habt euch doch in feierlichem Bundesschluß verpflichtet,
mir zu gehorchen?

Die Himmel sollen das Urteil fällen!
Ich will mit dir rechten, Volk, dich zur Rede stellen,
ich, der Herr, dein Gott!

Ja, Mensch! In Gottesdiensten bist du großartig!
Du weihst mir alles, was lebt,
in prachtvollen Zeremonien.
Du preist mich und bringst mir immer neue Opfergaben.

Aber mir gehört sowieso alles, –
die Tiere des Waldes, das Hochwild im Gebirge,
die kleinen Vögel, alles Getier unter der Sonne.

Wenn ich Hunger hätte,
wäre ich nicht auf dich angewiesen, Mensch!
Wenn ich wirklich beweihräuchert werden möchte,
würde ich es dir kaum mitteilen!
Mein ist die Erde und was auf ihr wächst und lebt!
Hast du das vergessen, Mensch?
Und sollte ich tatsächlich
das Fleisch von Stieren fressen
und das Blut von Böcken saufen?

Mir mit deinem Lebenswandel zu danken,
wäre ein echtes Opfer.
Versprechen, die du mir gabst, einzulösen,
beeindruckte mich eher!
Wenn du in Not bist, dich zu befreien,
damit du mich preist,
das entspräche genauer unserem Bündnis!

Wie kommst du eigentlich dazu,
in Gottesdiensten und Feiern
meine Gebote und den Bund mit mir im Munde zu führen?
Was fällt dir ein?
Du haßt (wie du das nennst) alle Zwänge.
Was ich dir sage,
geht ins eine Ohr rein, zum andern Ohr raus!

Mit jedem Dieb machst du gemeinsame Sache.
Wenn irgendjemand die Treue verrät, bist du dabei.
Du redest über andere hinter ihrem Rücken
und hast dir längst deine Feindbilder zurechtgezimmert.
Wenn's um deinen Vorteil geht,
verrätst du bedenkenlos deinen eigenen Bruder.
Das alles tust du.

Und ich, dein Gott, soll schweigen und alles hinnehmen,
soll alles zudecken mit dem Mantel der Liebe?
Immer Fünfe gerade sein lassen?
Das sähe ja so aus, als wäre ich deinesgleichen!

Ich werde kommen und dich zur Rechenschaft ziehen
und dir alle deine Ungereimtheiten
ins Gedächtnis zurückrufen.

Ihr, die ihr alles an euch reißt, werde ich zerreißen,
und niemand wird mir diese Beute entreißen!

Ihr habt mich vergessen, ihr Menschen, –
ich euch aber nicht!

Kommt doch zur Einsicht, ehe es zu spät ist.
Wer auf mich hört, dem werde ich doch noch helfen!

Nach Psalm 50,1–23

51 Ich möchte aus meiner Haut herauskommen!

Ich möchte aus meiner Haut heraus!
Ich möchte vieles anders machen,
als ich es bisher tue!
Hilf mir, Gott!
Ich möchte anders leben!

Ich habe Schwierigkeiten mit mir selbst
und mit den Menschen um mich her.
Manchmal denke ich:
‚Ich mache alles falsch!
Niemand mag mich.'

Dann fühle ich mich allein.
Es ist dunkel um mich.
Ich sitze in einer Enge,
aus der ich nicht heraus kann!

Du, Gott, befreist und hilfst.
Du nimmst mich an deine Hand.
Du führst mich aus der Enge in die Weite.
Du läßt mich Menschen neben mir entdecken.
Du sagst mir, daß sie mich brauchen.
Du zeigst mir Wege zu ihnen.
Du machst sie mir zu Geschwistern!
Du öffnest mir die Türen zu deiner Gemeinde,
in der du gegenwärtig bist.
Ich danke dir!

Darauf vertraue ich:

Ich kann nicht glauben, daß alles beim alten bleibt:
Daß Menschen Menschen ausnutzen.
Daß Menschen Menschen mißtrauen.
Daß Menschen Menschen bekämpfen.
Daß Menschen Menschen quälen!
Daß Menschen Menschen umbringen!

Ich kann nicht glauben, daß ich so bleibe, wie ich bin:
einer, der so lebt wie alle anderen.

Ich kann nicht glauben,
daß ich in meiner Haut steckenbleibe.

Laß mich aus meiner Haut herauskommen!

Du, Gott, bist mitten unter uns,
in deinem Sohn Jesus Christus, der am Kreuz starb,
der auferstand und lebt und uns zur Freiheit befreit!

In ihm öffnet sich alle Zukunft.
In ihm schenkst du mir neue Freiheit.
In ihm sind alle Chancen, daß ich ein neuer Mensch werde.

Danke, daß du, Gott, rettest und hilfst! Amen!

Nach Psalm 51,3–21

52 Gott läßt die Bäume nicht in den Himmel wachsen!

Du bist auch noch stolz
auf deine Unterdrückermethoden
und gibst öffentlich
mit der Perfektionierung deiner Machtmittel an,
du selbsternannter Gewaltherrscher!

Den ganzen Tag über
brütest du Intrigen aus,
die du dir auf dem Amboß der Gewalt
zu scharf geschliffenen Waffen des Unrechts
zurechtschmiedest!

Wir möchten die schlimmen Zustände im Lande
verändern und verbessern!
Reformen der sozialen, politischen
und wirtschaftlichen Verhältnisse
sind notwendig!

Du bleibst bei deinen bewährten Methoden:
Bedrohung statt Güte,
Lügen statt einem offenen Wort!

Du schüchterst ein,
verbreitest Schrecken,
führst hohle Propagandareden
und versuchst immer weiter,
teuflische Feindbilder einzuhämmern.

Alle wissen es –
und schweigen still aus Angst!

Aber Gott wird dich niederbrechen, für immer.
Jetzt stehst du noch auf einem hohen Sockel,
eine Mauer aus Beton, ein Denkmal aus Stein,
sitzest anscheinend fest im Sattel,
regierst mit unumschränkter Macht,
ein starker Baum, den niemand fällen wird!

Das wird sich ändern.

Die starken Mauern werden abgebrochen.
Du wirst aus deinen Kulturpalästen vertrieben.
Noch stehst du, ein starker Stamm.
Aber ein Sturm wird dich an den Wurzeln packen,
herausreißen, entwurzeln, umwerfen, austrocknen.
Deine Denkmäler werden stürzen.
Deine Standbilder werden abtransportiert,
deine Sockel wanken.

Die aber,
die Gottes Gerechtigkeit im Bewußtsein hielten,
werden diesen Sturm noch erleben und selbst erschrecken:

„Schaut ihn euch an, diesen Menschen,
der Gott aus seinen Ideen und Bildern ausklammerte
und selbstherrlich regierte, ein Willkürpotentat!
Geld, Macht und weitreichende weltweite Beziehungen
machten ihn stark.

Aber Gott läßt keine Bäume in den Himmel wachsen.
Dieser Baum wird stürzen.
Alle werden aufatmen
und lachen
und die Befreiung feiern!

Ich aber, ein grünender Ölbaum
in Gottes hellem Atriumhaus gepflanzt,
verlasse mich auf Gott.

Seine Gnade ist größer als mein Versagen,
seine Kraft stärker als meine Anstrengung,
meine nicht eingehaltenen Versprechen.

Ich rechne mit dir, halte mich zu dir,
erwähle deine Gnade mir zum Partner!

Ich will es deinen Frommen,
deiner ganzen Gemeinde erzählen,
wie deine Name Gnade und Gerechtigkeit ausstrahlt!"

Nach Psalm 52,3–11

Psalm 53 = Psalm 14

54 Befreie mich!

Befreie mich, Gott, du bist doch mächtig!
Gib mir mein Recht zurück!

Mißtrauen und Hochmut stehen gegen mich auf!
Gewalt raubt mir das Leben!

Doch du, Gott, hilfst mir,
beschützt meinen Atem mit deiner Allmacht!

Was andere gegen mich ausheckten,
fällt auf sie selbst zurück.

Du, Gott, bist treu und weise.
Du bist der Herr der Geschichte!

Ich will dir singen, dir opfern.
Du bist gnädig, richtest Schwache auf!

Du holtest mich aus der Gefahr heraus,
ließest die Pläne meiner Feinde scheitern!

Halleluja!

Nach Psalm 54,3–9

55 Es wird nicht mehr lange dauern

Hör mich an, wenn ich rufe, Gott!
Antworte mir!

Ich gerate in Panik. Wie sie schreien und toben!
Sie bewerfen mich mit Dreck, wo sie es nur können.
Es wird kein Pardon gegeben!

Mein Herz schnürt sich zusammen.
Ich werde das hier nicht überleben!
Mir ist speiübel. Ich zittere wie Espenlaub.
Grauen überfällt mich.

Denn in dieser Stadt,
die doch so voller Frieden und Gerechtigkeit sein sollte,
in der man betet, daß die Schöpfung bewahrt werde,
sehe ich Gewalt und Haß, einer gegen den anderen.
Hier ist die Hölle los!

Sie stehen gerüstet, laufen aufgeregt
auf den Wallmauern dieser Stadt hin und her.
Sie wollen uns vor dem bösen Feind da draußen beschützen.
Und haben allen Instinkt dafür verloren,
wie Gesetzlosigkeit, Unterdrückung und Psychoterror
schon längst in dieser Stadt hausen.
Der Untergang ist voll im Gange, mitten unter uns.

Einer zeigt den anderen an, legt ihn rein, reißt ihn rein!
Mitten auf dem Marktplatz Blut, Terror, Vernichtung:
Menschen werden ausgesondert und erschossen.
Jeder versucht seine eigene Haut zu retten.
Ich könnte ja verstehen, wenn Feinde von außen

uns angriffen und vernichteten.
Ich könnte mich verstellen, mich verstecken.

Aber nun tritt Freund gegen Freund auf,
Bruder gegen Bruder, Nachbar gegen Nachbar.
Vor Menschen, mit denen ich auf Du und du stehe,
vor meinen vertrautesten Freunden
muß ich mich in acht nehmen.
Sie sind meine heimlichen Feinde.

Noch gestern feierten wir zusammen Gottesdienste,
in engem Schulterschluß,
Seite an Seite in feierlicher, fröhlicher Menge,
ein süßes Gemeinschaftsgefühl im Herzen.
Heute ist alles anders. Jeder hat Angst vor jedem,
ist der ungenannte Feind des anderen.

Ich halte das alles für den hellen Wahnsinn!
Sollen sie meinetwegen krepieren!
Ich will leben und nicht draufgehen!

So wird sich alles entwickeln, denke ich:

Eben sitzen sie noch auf der Regierungsbank,
ein freches Grinsen im Gesicht, überheblich und unnahbar,
als ob ihre Stühle nicht längst wackelten!
Unverblümt halten sie an ihren Positionen fest,
als ob sich nichts geändert hätte!

Es wird nicht mehr lange dauern,
dann werden sie zur Hölle fahren!

Nach Psalm 55,2–16

Vertrauen

Auch wenn Tausende mich jagen, –
diese Jagd hat keine Aussicht auf Erfolg!
Gott wird mich retten – und sie zu Boden zwingen,
mein Gott, der schon immer Gott war.

Meine Feinde können sich nicht mehr ändern.
Sie werden ihre üble Rolle
bis zum bitteren Ende weiterspielen.
Gottesfurcht kehrt nicht in ihre Herzen zurück.

Da macht sich Gott selbst zum Feind seiner Freunde,
Er, der immer Freund bleiben wollte,
wird nun zum erbitterten Gegner seiner Menschen,
stellt den Bund, den er mit seinem Volke schloß,
auf die härteste Probe, ja, entweiht ihn!

Noch scheint alles ruhig!
Glatt wie Butter klingt es von den Kanzeln.
Aber Gott hat längst den Kampf angesagt, besteht auf Kampf!
Sanft wie Öl streichen die Worte der Verkündigung
über unsere Seele. Aber sie verschleiern nur die Krise,
ja, den offenen Kriegszustand Gottes mit seinem Volk.

Gibt es eine Rettung?
Das Geheimnis der Zukunft heißt „Umkehr"!
Die Verstockten wird Gott hinabstoßen in zukunftslose Tode.
Das Leben machthungriger Intriganten
ist nur noch einen Pfifferling wert!
Ich vertraue dir, Gott!

Nach Psalm 55,17–24

56 Was Gott verspricht, hält er!

Neige dich zu mir, Gott!

Menschen stellen mir nach,
führen einen regelrechten Krieg gegen mich!
Ganze Heere treten gegen mich an, Tag für Tag!

In schlimmer Angst, in tiefer Krise
baue ich auf dich, du Höchster!

Ich nehme dich bei deinem Wort:
Meine Angst verwandelst du in Lachen!
Was können mir Menschen tun?

Den ganzen Tag über muß ich mir
Verletzungen und Kränkungen anhören.
In den Hirnen meiner Gegner brauen sich
nur noch Unheil und Untergang zusammen.
Meine Feinde schließen sich zusammen,
lauern mir auf, überwachen mich.
Nachts kann ich nicht schlafen.
Sie schlagen mit ihren Fäusten gegen die Fenster
und legen Mordbrände!

Sie wissen um jeden Schritt, den ich tue!
Sie hören mein Telefon ab, überprüfen mein Bankkonto,
öffnen meine Post,
beobachten, wer bei mir aus- und eingeht,
und haben ihre Mikrofone
längst in meiner Wohnung angebracht.

Sie möchten mir etwas anhängen,
eine Schwachstelle finden, mich erledigen.

Weil sie so vollgestopft sind
mit ihren wahnwitzigen Terrorideen,
gibt es kein Pardon für sie.
Alle diese unterdrückerischen Regierungen
wirst du, Gott, stürzen!

Du zeichnest mein Elend nach,
notierst es Punkt für Punkt in deinem Notizbuch.
Jede Träne fängst du auf. Kein Tag meiner Angst
wird rückgängig gemacht oder vergessen!

Meine Feinde werden fallen.
Ihr Untergang beginnt paradoxerweise mit dem Tage,
an dem sie vor dich treten und dich um Hilfe bitten.
Ich weiß doch, daß du, Gott, mein Gott bist!

Dir Gott, traue ich alles Gute zu.
Meine Angst verwandelst du in Lachen.
Was können mir Menschen tun?

Was ich dir versprach, Gott, halte ich.
Ich schulde dir ja meine ganze Zukunft!
Mit einem Leben voller Dank möchte ich dir antworten.
Denn du reißt mich aus tausend Toden heraus,
bewahrst mich vor tiefstem Fall!

Vor Gott und mit ihm werde ich meinen Weg machen,
in seinem Licht das atmende Leben finden! Halleluja!

Nach Psalm 56,2–14

57 Erhebe dich, Gott, du Himmelslicht!

Sei mir gnädig, Gott!
Ich fliehe zu dir.
Ich krieche
unter das wärmende, schützende Dunkel deiner Flügel,
bis Unglück und Elend weichen.

Ich rufe zu dir, Gott!
Du wohnst in den höchsten Höhen des Himmels
und steigst doch zu mir in tiefste Tiefen herunter.
Du bist gnädig und treu!
Meine Gegner wirst du beschämen.

Ich bin unter reißende Raubtiere gefallen:

Brüllende Löwen, gierig nach Menschenfleisch,
umstellen mich:
Ihre Zähne zerreißen mich –
Von Terror bin ich bedroht!
Ihre Zungen spitzen sie –
Beschimpfungen nehmen kein Ende!
Ihre Pranken erheben sie –
donnern gegen Türen!
Aufgeregt trappeln sie hin und her –
zünden Container an!
Morddrohungen und Morde an wehrlosen Menschen
nehmen überhand!
Unverhüllt ist Krieg im Gange,
ein Krieg auf Leben und Tod!
Ich rechne mit dir, Gott!

Erhebe dich, Gott, du Himmelslicht,
gieße dich aus über die dunkle, leidgeprüfte Erde!
Steige herab in strahlender, siegender Macht!

Ein Netz zieht sich über mir zusammen,
in dem sich mein Leben verfangen soll!
Sie graben eine Fallgrube, damit ich hineinstürze!
Aber wer andern eine Grube gräbt, fällt selbst hinein!

Du, Gott, bist mein Trost!

Mein Herz ist bereit, Gott!
Ich will singen und jubeln.
Wach auf, meine Seele, und singe!
Wach auf, meine Harfe, und spiele!
Mit meinem Lied will ich das Morgenrot wecken!

Ich singe dir,
du Gott aller Völker und ihrer Kriege,
du Gott aller Völker und allen Friedens,
du Gott aller Völker und aller Zukunft!

Denn deine Gnade reicht, soweit Himmel sich dehnen,
und deine Treue, soweit Wolken ziehen!

Ich will danken, loben, fröhlich sein!

Erhebe dich, Gott, du Himmelslicht,
gieße dich aus über die dunkle, leidgeprüfte Erde!
Steige herab in strahlender, siegender Macht!

Nach Psalm 57,2–12

58 Rechtsprechung

Sprecht ihr wirklich Recht, ihr mächtigen Magnaten?
Richtet ihr die Menschen nach dem, wie sie leben?
Laßt ihr ihnen, was nötig ist?

Nein!

Die Mächtigen lassen sich wie Götter verehren!
Aber sie sind bestechlich und ohne Gesetz,
willkürliche Wesen!
Schon im Mutterleib denken sie sich Intrigen aus,
mit denen sie Menschen unterdrücken und kurzhalten!
Dem Schoß ihrer Mutter soeben entschlüpft,
befestigen sie bereits die Erbhöfe ihrer Macht,
ihre Ansprüche auf Thron und Altar, auf Land und Güter!
Sie gieren nach Geld und Gewalt!

Sie sprühen Gift, wie Schlangen Gift sprühen!

Dabei verschließen sie ihre Ohren,
wie auch eine Schlange ihre Ohren
vor der Flötenstimme des Schlangenbeschwörers verschließt.
Sie verschließen sich vor den Schreien der Not.
Sie machen ihre Ohren zu vor den Klagen der Elenden!
Sie stellen sich taub
vor den Rechtsansprüchen der Entrechteten! *

Gott, hilf uns!

Brich ihnen ihre Raffzähne aus dem Maul!
Zertrümmere die malmenden Kiefer
dieser jungen, unersättlichen, kraftstrotzenden Löwen!

Sie sollen zerfließen, wie Wasser zerfließt,
das im Wüstensand versickert!

Sie sollen verwelken, wie junges, zartgrünes Gras
unter der Mittagssonne ausdörrt!

Sie sollen zur Schnecke gemacht werden,
eine Schnecke, die man zertritt
und die sich in ihrem Schleim auflöst!

Sie sollen zur Fehlgeburt verkommen,
die erst gar nicht das Licht der Welt erblickt!

Zum Dornenstrauch sollen sie werden,
der verbrennt, ehe er Stachel treibt!

Freude,
Freude für die Gerechten, für alle Unterdrückten!
Gott stellt Gerechtigkeit wieder her!
Er vergilt Unrecht! Die Großen dieser Erde,
die im Unrecht leben, werden vernichtet!

Die Gerechten aber werden ihre Füße
im Blute dieser Gewaltmenschen baden!
Alle, alle auf dieser Erde werden bekennen:
Ja, es gibt einen Lohn der Gerechtigkeit!
Es gibt einen höchsten Gott,
der für Recht auf Erden sorgt!

Nach Psalm 58,2–12

59 Schutzherr über Jakob

Hol mich aus den Händen meiner Feinde!
Bring mich vor meinen Verfolgern in Sicherheit!
Nimm mich in Schutz vor den Gewaltmenschen!
Befreie mich von den Bluthunden!

Mächtige Volksgruppen rotten sich zusammen.
Man stellt mir nach. Man fordert mein Leben.

Hilf mir! Gib mir Asyl!

Ich bin an ihren Schwierigkeiten unschuldig!

Und doch nehmen sie mich aufs Korn, umstellen mich,
stürzen auf mich zu, lassen mir keine Chance,
wollen mich fertigmachen!

Ich bin unschuldig! Wach auf, Gott!

Bist du nicht der Gott der Heerscharen,
Israels Beschützer?
Wach auf, und zahle es diesen Nationalisten heim,
die uns mit ihren Parolen verrückt machen!
Nimm auch keine Rücksicht auf die Leute,
die in den eigenen Mauern so verräterisch
mit aufgepeitschten Nachbarn zusammenarbeiten!

Am Abend
tauchen die Schlägerbanden aus dem Dunkel auf.
Sie streunen durch die Stadt,
heulen wie die hungrigen Wölfe,
bilden Sprechchöre,

toben, rasen und zertrümmern.
Ihre stärkste Waffe ist ihr Gebrüll.
Und keiner will es gehört haben in seiner Angst,
in seiner Gleichgültigkeit –
und der inneren Zustimmung zum Gefasel der Nationalisten!

Wenn ich dich richtig einschätze, Gott,
lachst du über sie,
über diese aggressive, großmäulige Meute.
Du verspottest auch die Völker um uns herum,
die so vorlaut und großsprecherisch tönen!

Du, Gott, bist meine Stärke, meine Asylburg!
Du allein bist der Grund,
daß ich durchhalte und nicht aufgebe,
in Angst wie alle anderen!
Deinetwegen durchwache ich die Nächte!
Ich warte auf dich, Gott!
Du kommst mir entgegen und richtest mich auf.
Gelassen blicke ich auf meine Gegner herab.

Zerstreu sie in alle Himmelsrichtungen!
Überführ sie ihres Irrtums!
Mach sie kraftlos und ohne Bedeutung!
Du, Gott, bist unsere alleinige Kraft,
unser Schild und Schutz, Allbezwinger!

Bring diese verführten Menschen nicht um!
Nichts soll vergessen werden
aus der Geschichte meines Volkes!
Und doch mach ein Ende mit diesen Heulbojen!
Stürze ihre Macht!

Laß sie selbst erkennen, daß nur du, Gott,
Schutzherr über Jakob bist, bis an die Enden der Erde!

Immer wenn es dunkel wird, tauchen sie plötzlich auf,
heulen wie die hungrigen Wölfe,
streunen durch alle Stadtteile,
toben durch alle Straßen.

Die Angst der Menschen
ist ihnen ein gefundenes Fressen.
Wenn sie nicht sattwerden,
geht ihr Gebrüll bis zum Morgen.

Ich werde mich diesen Haßgesängen
auf keinen Fall anschließen!
Diese Leute besiegeln doch nur
ihr eigenes Schicksal.

Ich will deine Macht besingen, Gott!
Nach diesen Schreckensnächten
will ich im heraufziehenden Morgen
von deiner Treue, von deinem Bund musizieren!

Du, Gott, bist meine Burg,
meine Zuflucht in den Nächten der Not!
Meine Stärke, mein Hort und Halt!
Dir will ich aufspielen,
du gnädiger, treuer und hilfreicher Gott!

Nach Psalm 59,2–18

60 Mit Gott werden wir Taten tun!

Gott, du hast uns weggeworfen.
Wir sind dein zerbrochenes Spielzeug!
Dein Zorn kennt keine Grenzen. Heile uns, Gott!

Die Erde bebt. Sie spaltet sich. Sie wankt!
Heile du ihre Brüche, Gott!

Das ist unsere Vorgeschichte:

Dein Volk mußte Schweres durchmachen,
den bitteren Rauschgiftbecher bis zur Neige austrinken!

Und nun?

Gib uns doch ein Zeichen,
unter dem wir uns wieder sammeln können!
Zeig uns einen Ort der Geborgenheit,
an dem wir uns finden dürfen!

Wir ehren dich!

Die du liebhast, befreist du!
Du schaffst uns Recht mit deiner Rechten.
Du wirst die Antwort nicht schuldig bleiben!

Ich lausche gern auf dein Orakel, Gott!

„Im Triumpf will ich Sichem heimholen
und das Tal von Sukkoth zurückbringen!
Mein ist Gilead, mein Manasse!

Efraim ist mein Helm, Juda mein Szepter,
Moab mein Waschbecken, Edom meine Fußmatte!
Ihr Philister, möchtet ihr nicht die Straße säumen
und unsere Jubelperser spielen?"

Im Augenblick sieht alles ganz anders aus!

Im Augenblick riecht alles nach
Fragen, Verzweiflung und Angst.

Wer bringt mich in die unbezwingbare Stadt der Edomiter?
Wer leitet mich in dieses widrige Gebirgsland
und führt dort zum Erfolg? Niemand, außer dir, Gott!
Hast du uns wirklich verworfen
und bleibst zu Hause, wenn unser Heer auszieht?

Hilf uns doch gegen unsere Gegner!
Wer sich auf Menschen verläßt, ist verlassen!

Mit Gott werden wir Taten tun.
Er wird uns unsere Feinde zu Füßen legen.

Nach Psalm 60,3–14

61 Hör doch, Gott!

Hör doch, Gott, wie ich schreie!

Vom äußersten Ende der Erde rufe ich zu dir,
verzagt und ohne Hoffnung!

Bring mich auf einen hohen Felsenberg,
für alle meine Verfolger unerreichbar.

Du bist mein Fels,
meine Burg, meine Rettung, mein Asyl,
Schutz vor meinen Feinden!

In deinem Zelt möchte ich Gast sein für immer.
Unter dem Schutz deiner Flügel möchte ich mich bergen.

Du hörst, was ich gelobe.
Du segnest den Wunsch dessen, der dich ehrt!

Tage und Jahre fügst du zu Tagen und Jahren:
deine Huld geht von Generation zu Generation.

Du segnest die Mächtigen, die dich ehren und lieben!
Deine Huld und Treue werden uns behüten!

Darum will ich aufspielen und singen
und deinen Namen, Gott, ehren.

Nach Psalm 61,2–9

62 In Gott werde ich still

In Gott werde ich still. Er wird mich retten!
Er ist mein Fels, meine Hilfe, meine Burg.
Ich werde nicht wanken.

Was wollt ihr die Mächtigen umbringen,
die nichts als eine wackelige Wand sind, die bald einstürzt?

Sie täuschen und verführen.
Sie sagen ‚Schalom' und meinen ‚Vernichtung!'

In Gott werde ich still.
Aus ihm wächst meine Hoffnung neu!

Vertraue Gott, du Volk, gerade in schlimmeren Zeiten!
Schütte ihm dein Herz aus! Gott rettet!

Was mächtige Leute sich ausdenken, ist ein leerer Wahn!
Was Herrenmenschen ausrufen lassen,
läuft auf Betrug und Unterdrückung hinaus!

Auf der Waage schnellen sie hoch, –
sie sind nichts als ein Windhauch, – zu leicht!

Gott redet, und ich erfahre seine Botschaft:

Alle Macht gehört Gott, unserm Gott.
Bei dir sind Barmherzigkeit und Treue.

Du vergiltst jedem nach seinem Denken und Tun!

Nach Psalm 62,2–13

63 Mein Gott!

Mein Gott, laß mich nicht stolz
und überheblich werden
und schließlich einsam.

Laß mich Freunde finden,
die mir vertrauen,
die mich mögen.

Laß mich freundlich leben,
bescheiden bleiben,
den anderen als Freund und Bruder,
als Freundin und Schwester achten,
Menschen mit großen Gaben und Möglichkeiten.

Mein Gott,
ich suche dich,
meine Seele dürstet nach dir,
eine trockene Wüste,
die nach Wasser lechzt.

Ich kann mich erinnern:
Ich sah deine Macht und Herrlichkeit,
schaute deinen Lichtglanz in deinem Heiligtum
und weiß seitdem:

Deine Gnade ist besser als Leben.

Davon will ich singen, immer neu.
Dich will ich loben, solange ich bin,
will meine Hände erheben, dich preisen!

Nachts, wenn ich einsam auf dem Bette liege
und nicht schlafen kann, rufe ich dich an.
Ich hänge mich an dich. Du liebst mich.

Meine Feinde, die einsame Dunkelheit der Nacht,
das nicht gesprochene Wort, das ungesungene Lied
werden Neuem Platz machen.

Feinde in mir, die mich umbringen wollen,
Angst und Depressionen,
Alptraumfetzen und fliehende Bilder
aus Schande und Schrecken beißen vor mir ins Gras.
Schon sind sie Leichen auf den Feldern meiner Erinnerung,
von Schakalen zerfressen!

Mein Gott, mit deinen Waffen, mit Liedern und Lachen,
strecke ich sie nieder!

Angst verwandelt sich in Vertrauen,
Einsamkeit in Freundschaft.

Ich werde Freunde finden, die sich mit mir verbinden,
Menschen meines Vertrauens.

Ich werde den heraufziehenden Morgen,
das scheue Glück der reinen Dämmerung,
schauen und singen und singen.

Aber denen, die mich und sich selbst und alle
mit der Angst belügen,
wird es die Sprache verschlagen.

Nach Psalm 63,2–12

64 Du hilfst!

Hör, Gott, ich schreie und klage.

Rette mein Leben aus der Gewalt meiner Feinde!

Die mir Böses wollen, rotten sich zusammen.
Die nach Blut schreien, brechen auf.

Hilf mir, Gott!

Sie wetzen ihre Zunge, ein scharfes Schwert!
Sie schießen ihre Giftpfeile aus dem Dunkeln ab.
Aus dem Hinterhalt zielen sie auf einen Unschuldigen.
Ohne Skrupel gehen sie vor.

Hilf mir, Gott!

Längst liegen ihre hinterlistigen Pläne
für den Tag X in den Schubladen ihrer Macht fertig.
Alles ist verabredet.
Sie wissen genau, welche Fallen sie mir stellen wollen.
Sie haben sich Tricks ausgedacht,
mit denen sie mich hereinlegen möchten.
Das macht ihnen Spaß.
Ihr Herz ist ein Abgrund.

Aber es kommt anders, als sie es planen.

Sie schießen ihre Giftpfeile –
aber sie schießen sich selbst ab!
Sie wetzen ihre Schwerter –
aber bringen sich selbst damit um!

Sie stellen Fallen –
aber tappen selbst hinein!
Plötzlich sind sie verwundet –
und verstehen nicht, wieso!

Du hilfst, Gott!

Gott hat sie stolpern lassen.
Ihre Bosheit richtet sich nun gegen sie selbst.

Die Menschen, alle Menschen sehen es,
schütteln mit dem Kopf, erschrecken.
Ein Schauder durchläuft sie.
Sie erkennen Gottes Hand,
erahnen sein Walten.
Sie werden es weitererzählen,
was sie erfuhren, fühlen und denken.

Wer gerecht lebt,
wird an Gott seine Freude haben,
wird bei ihm Asyl finden.

Wer redlich denkt
und auf der Spur der Gerechtigkeit bleibt,
wird durch Gott überleben,
eine gute Zukunft finden!

Nach Psalm 64,2–11

65 Die Spur deiner Liebe

Gott, dieses sind deine Gaben:

Frühling, Sommer, Herbst und Winter.
Der ganze Kreislauf der Natur
ist ein Geschenk an deine Erde.

Jubel am Morgen, Jubel am Abend.
Die Sonne geht auf, die Sonne geht unter.

Du zeichnest in diesen Tag deine Spur.

Deine Liebe schenkt den Regen
und läßt die Flüsse quellen.
Sie bringt das Korn
zum Wachsen und Reifen.

Du krönst jeden Tag,
jedes Jahr mit deiner Güte:

Wälder und Wiesen schmücken sich mit Jubel.
Berge und Hügel singen dein Lied.

Auch ich will einstimmen und mitsingen,
weil ich die Spur deiner Liebe neu entdecke.

Ich danke dir, Gott!
Der Tag wird schön.

Nach Psalm 65, (6–9) 7–14

66 Was Gott tut!

Jauchzt alle Lande unserm Gott!
Spielt auf, singt! Lobt seinen herrlichen Namen!

Ruft Gott an, singt ihm zu:
„Was du tust, setzt uns, dein Volk, in Erstaunen!
Wie müssen erst deine Feinde aus der Fassung geraten
und dir Respekt zollen!"

Länder verneigen sich und spielen dir auf!

Was Gott mit uns Menschen vorhat,
verschlägt uns den Atem!

Das Meer treibt er zurück!
Das Volk zieht trockenen Fußes durchs Strombett!

Gott herrscht!

Auch die fremden Völker hat er im Auge.
Wer sich empören wollte, hätte keine Chance.

Segnet, ihr Menschen, unseren Gott! Lobt ihn!

Er schenkte uns das Leben zurück
und hielt uns fest, als wir strauchelten!

Du prüftest uns, Gott,
läutertest uns, wie man Silber läutert.

Fangnetze warfst du über uns,
Ketten fesselten uns.

Macht und Druck walzten uns nieder.
Wir gerieten in Feuer und Wasser.

Du brachtest uns da hinein,
du brachtest uns da heraus,
fülltest unseren Tag neu mit deinem Segen!

Nun komme ich zu dir, Gott,
komme, um dir zu danken!

Hört, was ich zu erzählen habe!
Hört, wie ich gerettet wurde!

Gott sei gesegnet!

Er wendet sich nicht ab.
Er kommt zu mir und schenke mir
Gnade um Gnade!

Nach Psalm 66,2–20

67 Segne uns!

Gott sei uns gnädig, segne uns!
Laß dein Angesicht leuchten,
zieh vor uns her auf dem Weg der Geschichte,
daß Menschen ihren Weg finden!
So machst du dich auf Erden bekannt,
beweist den Völkern, wie sehr du sie liebst.

Völker und Menschen danken dir, Gott,
alle Völker und Rassen!
Jubel und Freude
brechen bei den Nationen auf.

Du richtest deine Menschen recht,
regierst die Völker mit deiner Gerechtigkeit.

Die Erde bringt Frucht.
Alles wächst, blüht und gedeiht.
Friede keimt auf den Feldern,
Wohlstand in den Städten,
Vernunft in den Häusern.
Wir werden überleben.

Es segne uns Gott, unser Gott!

Alle Welt ehre und achte,
fürchte und liebe
unsern Gott!

Halleluja!

Nach Psalm 67,2–8

68 Gott erhebt sich!

Gott erhebt sich.
Seine Feinde zerstreuen sich.
Die nichts von ihm halten,
ergreifen die Flucht.

Wie Rauch im Wind verweht,
wie Wachs im Feuer zerfließt,
so zerstieben,
die Böses tun, vor Gottes Antlitz.

Die Gerechtigkeit tun,
freuen sich, jubeln vor Gott,
tanzen vor Freude!

Singt Gott ein Lied! Ebnet ihm einen Weg,
der jetzt schon durch die Steppe zieht!
Jubelt ihm zu!

Ein Vater der Waisen,
ein Beistand der Witwen, –
das wird unser Gott sein,
der nun in sein Haus einzieht!

Der sein Zelt in Israel aufschlägt,
gibt Heimatlosen Heimat zurück,
bringt Gefangene ins Glück der Freiheit!

Wer's nicht glauben will,
bleibe gern im trockenen Wüstenland
und verweigere sich!

Du zogst aus, Gott, deinem Volke voran,
schrittest durch die Wüste.
Da erbebte die Erde! Himmel stürzten ein,
als die Menschen dich, Gott, am Sinai erblickten.
Israels Gott!

Ein Regen floß vom Himmel, tausend Gaben!
Den Erschöpften halfst du auf.
Tiere ließen sich nieder, ließen sich einfangen.
Du versorgtest, die am Ende waren,
halfst den Elenden!

Der höchste Gott verkündet seine Macht!

Ihr lebt als Nomaden? –
Euch gehört die Beute, kostbare Schmuckstücke,
Tauben mit Flügeln aus Silber,
mit Schwingen aus grüngoldenem Feingold!

Als der Allmächtige
die Könige über alle Hügel zerstreute,
wurde der Gottesberg blaß,
weiß vor Schrecken,
dieser heilige Berg,
der aus höchsten Bergspitzen herausragt!

Die Basanberge beeindrucken durch ihre Schönheit!
Aber warum blickt ihr scheel, ihr Zwergenberge,
auf den Berg aller Berge, den Gott sich erwählte,
auf dem er für immer wohnen wird, auf Zion?

Aufgestiegen zur Höhe bist du, Gott!
Hast Gefangene befreit und läßt Menschen aufatmen!

Auch Menschen, die dich gar nicht kannten
oder auch nicht kennen wollten,
erfahren, wie sehr sie von deiner Güte leben!

Gelobt sei Gott täglich!
Uns trägt und führt ein Gott, der hilft,
ein Gott des Sieges, ein Gott, der vom Tode errettet!

Das Haupt der Feinde zerschmettert er.
Wer vor ihm schuldig wurde, von dem fordert er den Kopf!
Und dies macht er bekannt:

„Aus Basan bringe ich meine Menschen heim!
Aus den Tiefen des Urmeeres ziehe ich sie heraus!

Deine Festzüge zu deinem Heiligtum hinauf,
mein Gott und König,
bleiben mir unauslöschlich im Gedächtnis:
Sänger ziehen voran, Saitenspieler folgen,
von geschmückten Mädchen
mit Handpauken in den Händen begleitet.

Lobt Gott, wenn ihr euch sammelt und loszieht!
Lobt ihn, ihr Menschen,
dessen Ursprung Gottes Bund mit Israel ist!

Benjamin schreitet voran, der Jüngste,
Judas Vertreter im frohen Schmuck gleich hinterher!
Die Fürsten aus Sebulon folgen,
die Ältesten aus Naftali!

Bezeuge deine Macht, Gott,
vom Tempel in Jerusalem aus!
Du hast schon häufig für uns gestritten –
und uns mit deinen Friedensgaben beschenkt!

Bedrohe das Tier aus dem Schilf,
diese riesige Anballung von starken Stieren,
die sich zusammenrotten, um uns niederzumachen,
um diese Welt zu erobern!

Stampfe du nieder,
die uns niederstampfen wollen!
Zerstreue die,
die unsere Freiheit einkassieren möchten,
alle, die an Raub und Krieg ihre helle Freude haben!

Ihr Könige dieser Erde, singt Gott zu!
Spielt dem Allmächtigen auf,
der hoch droben am Himmel dahinjagt!
Hört, wie seine Stimme mit mächtigem Donner ruft!

Gebt Gott die Ehre!
Über Israel waltet seine Macht in den Wolken!
Furchtbar zeigt er sich von dorther,
wo er wohnt und richtet!

Der Gott Israels gibt seinem Volk Stärke und Kraft!

Gelobt sei er!

Nach Psalm 68,2–36

69 Rette mich Gott!

Rette mich, Gott!

Das Wasser steht mir bis zum Hals.
In tiefe Strudel bin ich geraten.
Die Strömung treibt mich fort.
Ich habe keinen Grund mehr unter den Füßen.

Ich schrei und schreie. Meine Kehle brennt.
Ich bin müde, zermürbt. Meine Augen werden starr.
Ich kann dich nicht mehr sehen, Gott!

Die Leute, die gegen mich Wind machen,
werden immer zahlreicher.
Ich habe mehr Feinde als Haare auf dem Kopf.
Die mich ins Verderben stürzen wollen, sind mächtig.
Sie spinnen Lügennetze.

Warum tun sie das? Das weißt du, Gott, allein.
Es gibt keine echten Gründe,
mich so zu belasten und anzuklagen.
Politik und Machtgelüste spielen hier zusammen.
Ihre Anklagen stechen nicht.
Ich soll zurückzahlen, was ich gar nicht genommen habe.

Gott, du kennst mich.
Du weißt um mein Auftreten,
mit dem ich Menschen reizte.
Du kennst die Gründe der Entfremdung
zwischen meinen Freunden von gestern und mir.
Was wirklich geschah, weißt du.
Alle meine taktischen Fehler kennst du.

Nichts ist dir aus meinem Leben verborgen,
nicht ein einziges Aktenstück.

Ich möchte deine Sache nicht in Verruf bringen, Gott.
Die nach dir suchen,
sollen sich meinetwegen nicht schämen müssen.

Du kennst die wahren Gründe
für meine schlimmen Erfahrungen, du, mein Gott!

Fremd werde ich unter meinen Geschwistern,
meine engsten Verwandten kennen mich nicht mehr.
Ich bin ja wie besessen von deiner Ehre, Gott!

Das ist der Kern der Auseinandersetzung:
Die Leute, die so locker und lose über dich reden,
haben sich an meiner Lebenssituation festgebissen.

Ich faste, aber ernte nur Hohnlachen.
Ich trag Trauerkleider, aber sie spotten über mich.
Sie sitzen im Stadttor, in der Kneipe, im Cafe.
Sie sitzen überall und ziehen mich durch die Zähne.
Spottverse und Witze über mich
machen die Runde an ihren Stammtischen.
Heute spucken sie mich an, morgen verprügeln sie mich,
und übermorgen schlagen sie mich tot.

Ich aber bete zu dir, Gott. Noch ist Gnadenzeit.
Daran halte ich mich. Du bist gütig!
Du wirst helfen! Antworte mir!

Ich stecke tief drin! Reiß mich da heraus!
Ich werde von den Ereignissen überflutet, weggespült!

Längst bin ich in Untiefen geraten,
von gefährlichen Strudeln fortgerissen.

Hilf mir! Hör mich an, Gott! Ich habe Angst.
Ich bin doch dein Knecht!

Befreie mich! Dies schon wegen deiner Feinde.
Meine Feinde sind doch auch deine Feinde, oder?

Du weißt, ich bin am Ende.
Ich ertrinke, versinke, ersticke!

Diese Aggression im Volke
ist wie eine unheilbare Krankheit!
Ich warte auf jemanden, der mit mir Mitleid hätte,
der mich streichelte und tröstete,
wie Mütter ihre Kinder streicheln und trösten.
Gibt es einen?
Ich schlucke Gift, trinke Essig, schwitze Blut und Wasser.
Was sie mir auftischen, würgt mir im Hals.

Aber es wird anders kommen!

Ihre Opfermahle
sollen ihnen zum Brechmittel werden.
Ihre rituellen Mahlzeiten
sollen ihnen im Halse stecken bleiben.
An ihren eigenen Giftködern sollen sie ersticken.
Es soll ihnen schwarz vor Augen werden,
vor Ärger und Scham!
Nicht einmal zum Beischlaf
sollen sie sich aufraffen können.
Schütte deinen Grimm wie eine ätzende Soße über sie aus!

Verbrenn sie in deiner Glut!
Sie sollen stinken wie verbranntes Fleisch!
Ihre neuerbauten Vorstadthäuser werden zu Trümmerhaufen!
Ihre neuen Stadtteile sollen veröden.

Sie sind so gemein!

Sie lassen ja nicht einmal den in Ruhe,
den du mit schwerem Schicksal schlugst.
Im Gegenteil, sie vermehren sein Leid.

Mach ihre Schuld größer und größer,
daß ihnen endlich dein Heil ganz verschlossen bleibt!
Lösch sie aus dem Lebensbuch aus!
Auf keinen Fall sollen sie noch zu den Gerechten zählen.

Mich aber, so gebeugt und so voller Schmerz,
richte auf und hilf mir!

Ich will dich, Gott, preisen, dich im Lobgesang erheben.
Das gefällt dir, Gott, besser als Rinder und Ziegen,
die wir dir opfern sollten –
Ziegenfüße und Kuhhörner nach alter Manier!

Das ist die religiöse Philosophie
der Oberen Zehntausend von vorgestern.
Sie wünschen fromme Symbole und Rituale.
Aber ihr Leben wollen sie nicht verändern.

Gott hat etwas ganz anderes vor.

Unterdrückte und Benachteiligte
sollen aufatmen und sich freuen.

Asylsuchende und Flüchtlinge
werden Geborgenheit finden,
Verfolgte und Eingekerkerte die Freiheit!
Für alle diese Menschen
bricht eine neue Zukunft an.
Blickt auf, und freut euch,
die ihr auf Gott wartet!

Er hat ein offenes Ohr für Arme.
Wer in Gefangenschaft sitzt, dessen nimmt er sich an.

Himmel und Erde sollen ihn preisen,
auch das Meer und was darin lebt und webt.

Gott wird Zion retten und Juda aufbauen!
Wir werden dort gut leben können.
Schöne Wohnungen und blühender Besitz
werden für die erstehen, die jetzt noch ohne Zukunft,
arm, krank und ausgepowert leben.

Meine Enkelkinder, die Nachkommen deines Knechts,
werden das erleben.
Sie werden ihn, deinen Knecht,
verehren und nicht vergessen.
Sie werden endgültig in ihrer Heimat Fuß fassen!

Nach Psalm 69,2–37

Psalm 70,2–6 stimmt mit Psalm 40,14–18 überein.

71 Ich fliehe zu dir, Gott!

Ich fliehe zu dir, Gott! Vergiß mich nicht!
Was du in deiner Liebe vorhast, mach an mir wahr!
Schenk mir doch eine Chance.

Gib mir wieder festen Boden unter die Füße,
du, mein Fels, meine Burg, meine Freistatt!

Laß mich den Übermächtigen, den Dunkelmächten entkommen!
Befreie mich von allem, was mich bedrückt und fertigmacht.
Die nachts vor meinem Haus aufmarschieren
und meine Frau und meine Kinder einschüchtern,
die Fensterscheiben einwerfen und Häuser anzünden,
werden verschwinden und keine Mehrheit gewinnen.
Ich hoffe auf dich. Du bist meine Allmacht,
du, mein Gott von klein auf an.

Von dem Tage an, als ich aus dem Mutterleibe kroch,
verließ ich mich auf dich.
Von Kindesbeinen an pries und lobte ich dich.

Für viele bin ich ein Symbol deiner Treue zu uns Menschen.
Du hast mich immer beschützt.

Ich werde nicht aufhören, dich zu preisen,
dich Tag für Tag zu rühmen.

Wenn ich nun älter werde, wenn meine Kräfte nachlassen,
wirst du, mein Gott, mich nicht verlassen.

Ich bin ein alter Mann. Um mich wird es nicht schlimm sein,
wenn ich durch Gewalt umkomme.

Fremde, anonyme Mächte, umstehen sowieso mein Lager,
spekulieren, lauern, beratschlagen:

Alterschwäche und Krebsverdacht,
Gicht, Rheuma, Herzschwäche, Wasser in den Beinen,
Angstzustände und Depressionen,
gespaltenes Denken und verwirrtes Handeln,
alles, was es in meinem Alter so gibt.

Da werden selbst meine Freunde zu Feinden.
Sie machen wichtige Miene zum bösen Spiel:

‚Gott hat ihn vergessen. Seine Abwehrkräfte erlahmen.
Es ist vielleicht an der Zeit, daß Gott ihn zu sich nimmt,
ihn erlöst von seinem Leiden! Er hat sein Alter,
und vor dem Sterben kann niemand bewahren!
Es ist besser, er leidet nicht mehr zu lange!
Ihr Krankheiten, faßt zu, packt ihn, zerreißt ihn!
Macht es kurz! Das ist wohl am besten so!'

Gott, sei du mir nahe! Hilf mir!
Rette mich! Ich gebe noch nicht auf!

Mach allem bösem Gerede ein Ende!
Schlage die Leiden in die Flucht, die mich bedrohen!
Gib Angst und Verwirrung der Lächerlichkeit preis!
Verscheuch die Krankheiten, allen Unkenrufen zum Trotz!
Löse sie in nichts auf!

Ich will auf dich warten und deine Hilfe rühmen.
Ich will mit den großen Taten an deinem Volk,
in deiner Geschichte, in deiner Welt beginnen.

Was du Gutes tatest und tust, will ich berichten,
von all deinen Wundern erzählen.

Es mag sein, daß ich nicht alles aufzählen werde.
Mein Gedächtnis ist verwirrt.

Auch wenn ich alt wurde und ins Greisenalter komme,
will ich doch dein Walten besingen.

Denn du rettest! Du bleibst! Du segnest!

Was du tust, sprengt alle menschliche Vorstellung!
Überirdisches hast du vollbracht.
Ich wurde von Krisen geschüttelt,
eine Krankheit jagte die andere.
Und doch gabst du mir mein Leben zurück.

Aus der höchsten Höhe stiegst du herab,
herab in die tiefsten Urgründe von Angst und Tod.
Du berührtest mich und holtest mich ins Leben zurück.

Bring mich wieder auf die Beine,
daß ich in Anstand leben kann!
Sprich mir Mut zu! Richte mich auf!

Ich will dir danken, mein Gott,
musizieren und singen, wie treu du bist!

Nach Psalm 71,1–24

72 Dein König

Gott, du hältst Gericht,
aber du übergibst die Gerichtssitzungen dem König,
alle deine Rechtsgeschäfte deinem Königssohn.

Er wird die Völker recht richten,
die Elenden aufrichten!

Frieden bedeckt die Berge,
Gerechtigkeit die Hügel!

Den Unterdrückten wird er Recht schaffen,
den Verelendeten Zukunft zurückgeben.
Den Unterdrücker wird er entmachten.

Wie die Sonne wird er aufleuchten –
und nicht so schnell untergehen.
Machtwechsel um Machtwechsel wird er überdauern.
Von Generation zu Generation wird er leben.

Wie Regen wird er aufs Trockene fallen,
milde Schauer, die das Land befeuchten.

Er nimmt das Recht in die Hand.
Nun blüht es auf.
Glück und Frieden werden atmen,
immer und ewig, bis daß der Mondwechsel aufhört.

Von Ozean zu Ozean wird er regieren,
von der Mitte der Welt
bis zu den Enden der Erde,
bis ins letzte Dorf hinein.

Alle Steppenvölker des Nordostens,
alle Kulturvölker des Fernen Ostens
werden seine Macht anerkennen.
Die Nationen der Wüste
werden sich vor ihm beugen.
Die Regierungen des Westens und aller Inselstaaten
werden ihm ihr Wissen und ihr Geld zur Verfügung stellen.
Die Staaten Afrikas
werden sich diesem Bündnis anschließen.
Seine Feinde werden Staub schlucken
und schließlich auch auf ihn hören.

Alle Regierungen und Staaten
erkennen seine Oberhoheit an.
Ferne und nahe Völker arbeiten mit ihm zusammen.
In ihm vollendet sich die eine Weltregierung.

So ist unser Gott!

Er gibt den Armen, die am Ende sind, ihre Zukunft zurück.
Den Unterdrückten wird er Freund und Helfer.
Alle Völker, deren Bruttosozialprodukt
unterhalb der Überlebensgrenze liegt,
werden bei ihm Erbarmen, eine neue Zukunft finden.
Die nicht mehr aus noch ein wissen, wird er heilen.

Aus Unterdrückung und Terror befreit er.
Jedes Leben ist in seinen Augen kostbar.
Menschenblut ist ihm das Kostbarste.
Darum will er es nie und nimmer vergießen.

In der Ebene reifen Kornfelder.
Auf den Höhen rauschen Obstplantagen.
In den Städten blühen Menschen.

Gottes Name bleibt!

Länger als das Licht der Sonne lacht,
wird sein Name leuchten.
In seinem Namen sollen sich Segen wünschen
alle Völker dieser Erde.
Alle fernen und nahen Nationen
werden in glücklich preisen.

Gesegnet sei Gott Jahwe, Israels Gott!
Er allein tut Wunder.
Sein Name überlebe alles – und segne alle!
Sein Lichtkleid durchglänzt die ganze Erde!

Amen seinem Namen!

Nach Psalm 72,1–19

73 Ich traue dir

Es ist zu erwarten, daß. Ob überhaupt.
Keineswegs und andererseits.
Ich meinerseits. Wir unsererseits. Sie ihrerseits.
Es bliebe allerdings zu fragen.
Alternativ böten sich folgende Lösungen an.
Allgemein gesprochen. Im Besonderen.
Wir müssen konstatieren, daß die Mehrheit der Bevölkerung.
Wir erklären hierzu. Wir sind solidarisch mit.
Überhaupt und allgemein. Allgemein und überhaupt.
Jeder aus seiner Sicht. Lösungen sind vorbereitet.
Die Verhältnisse haben sich radikal gewandelt.
Die Zukunft, bei Lichte besehen.
Das Grandiose an dieser Idee ist.
Wir werden zusammen. Warum sollten wir auch nicht.
Gemeinschaftsaufgaben sind unaufgebbar.
Aber auch der einzelne.
Das Eigentum muß gesichert.
Sie sollten sich aktivieren lassen.
Sie ihrerseits.
Gerade Sie sind gemeint.
Sie persönlich.
Ich meine das natürlich ganz allgemein.
Fassen Sie diesen Hinweis nicht zu persönlich auf.
Sie wissen, die Grenzen müssen gewahrt bleiben.
Sie verstehen. Wir sind auch nur Menschen.
Und überhaupt. Was denken Sie sich eigentlich?
Bilden Sie sich nicht zuviel ein!
Seien Sie ganz schön still.
Wir können uns nicht um jeden einzelnen.
Hören Sie endlich mit diesem Rumgemache.
Sie sollten endlich den Mund halten.

Sie sollten aufhören.
Gehen Sie schleunigst nach Hause!
Bewahren Sie Ruhe.
Ruhe!

Menschen reden, was ihnen einfällt.

Du, Gott, stehst zu deinem Wort.
Dein Wort überdauert
unsere Flut von Wörtern und Weltanschauungen.
Dein Wort sagt mir, daß du mich liebst.
Darum vertraue ich dir.
Ich möchte bei dir bleiben.
Ich vertraue dir.
Du hältst mich.
Ich vertraue dir.
Du vollendest meine Zukunft.

Nach Psalm 73,1–28

74 Vergiß deine Gemeinde nicht!

Gott, hast du wirklich für immer verworfen?
Verbrennst uns in rauchendem Zorn,
uns, deine geliebten Menschen?

Vergiß deine Gemeinde nicht, Gott!

Vor Zeiten schenktest du ihr das Leben,
befreitest deine Kinder zur Zukunft,
suchtest dir selbst eine Heimat
auf dem schönen Berg Zion.

Komm, und sieh dir diesen Trümmerhaufen an!

Wie eine Furie wütet der Feind in deinem Heiligtum.
Sie brüllen ihr „Sieg Heil! Sieg Heil!"
wie auf einem Kasernenhof!
Sie toben im Innersten deines heiligen Hauses.
Stolz ziehen sie Fahnen und Feldzeichen auf,
Symbole ihrer brutalen Macht.

Ich erinnere mich:

Diese malmenden, splitternden Geräusche!
Wie Berserker rasten sie, Schaum vor dem Mund!
Die kostbaren Bildwerke aus Holz
zerschlugen sie mit Beil und Hacke,
zerschmetterten alles, was da war.
Dann zündeten sie das Gotteshaus an,
zerstörten es bis auf Grund und Boden.
So entweihten sie dein Heiligtum.

Sie gaben die Parole von der verbrannten Erde
und vom ausgelöschten Leben aus:
‚Alles verbrennen, ausrotten, umbringen!'
Und brannten alles nieder,
auch die übrigen Gotteshäuser im Lande.

Wir wissen nicht mehr weiter.
Schenk uns ein Zeichen der Hoffnung,
ein Zeichen von dir, Gott!

Es gibt sich niemand zum Propheten her,
der uns auch nur eine Sekunde Zukunft deuten könnte,
der uns mitteilte, wann dieses Elend ein Ende nimmt.

Wie lange dürfen die Sieger noch hohnlachen?
Läßt du dich wirklich auf ewig erniedrigen?
Warum hältst du dich zurück,
tust so, als ob dich das alles nichts anginge?

Du, Gott, bist doch der einzige Herrscher,
den es auf dieser Erde gibt, mein König!
Was du tust, wirkt sich in der ganzen Welt aus.

Hast du deine Macht vergessen, verdrängt, versteckt?

Du spaltetest das Meer, zerschlugst
die Drachenhäupter angreifender Schiffe auf dem Meer,
zertrümmertest den Leviatan, alle seine Köpfe,
viele Reiche gabst du den Haien zu fressen!

Auf dein Wort hin sprudelten Quellen und Bäche hervor,
Flüsse, die seit Ewigkeiten flossen,
trockneten aus, weil du es anordnetest.

Dir gehören Tag und Nacht,
Mond und Sonne stelltest du an den Himmel.
Alle Grenzen dieser Erde schufst du.
Du rufst auch den Sommer und den Winter.

Hör doch, Gott, wie der Feind lästert, höhnt, schmäht,
wie dabei dein eigenes Volk fleißig mitmacht!

Laß nicht zu, daß deine gurrende Turteltaube Israel
von gierigen Raubvögeln zerfleischt wird!

Vergiß nicht, wie wir unterdrückt und gestoßen werden –
vergiß uns nicht für immer!
Erinnere dich an deinen Bund!
Voll sind die Gefängnisse im Lande,
Brutstätten von Folter, Gewalttat und Mord.

Wer unterdrückt wird, wird nicht unterdrückt bleiben!
Tage der Verheißung werden für diese Menschen anbrechen!

Alle, denen man die primitivsten Lebensrechte nahm und
die man in Lagern internierte, werden Freiheit schmecken!

Alle, die der Krieg und seine Folgen
zu armen und aussichtslosen Leuten machte,
werden eine Zukunft von dir, Gott, geschenkt bekommen!

Steh auf, Gott! Bring deine Geschichte in Ordnung!
Vergiß nicht, wie deine Feinde dich täglich verhöhnen!
Vergiß nicht ihr Toben und Brüllen,
das täglich zum Himmel schreit!

Nach Psalm 74,1–23

75 Danke!

Danke, Gott, danke!
Es ist gut zu wissen:

‚Du tust Wunder! Deine Macht und Ehre
sind denen nahe, die dir vertrauen!'

Du erinnerst uns:

‚Wenn die Zeit reif ist, werde ich die Welt richten!
Es mag alles wanken, der Himmel mag einstürzen,
die Erde erbeben, die Erdbewohner mögen ratlos werden –
noch habe ich die Weltgeschichte fest in der Hand!'

Menschen berauschen sich an den Möglichkeiten ihrer Macht.
Ihre Technik, ihre Kriegskunst, ihr Organisationstalent
halten sie für das Allergrößte!

Du, Gott, antwortest uns:

‚Verlaßt euch nicht zu sehr
auf euer Wissen und Können,
auf Maschinerien, Vernetzungen und Pläne,
die ihr in eurer Besessenheit zur Macht ausgetüftelt habt!'

Die großen Umwälzungen kommen nicht aus dem Norden,
durch High Tech und Know how enormen Computerwissens.

Sie kommen nicht aus dem Süden,
aus dem Massenaufstand der Armen,
der die Apartheid wegfegen wird,
ein lügnerisches Spinnengewebe.

Sie kommen nicht aus den Steppen des Ostens,
wo uralte Völker leben, die jetzt ohnmächtig sind
und doch neu zur Macht drängen.

Sie wachsen nicht aus den Ländern des Westens,
wo Kapital, Bequemlichkeit und die Sucht nach Neuem
die Menschen fesseln und aushöhlen.

Gott, du bleibst Gott, ein gerechter Richter für immer.

Du reichst den Völkern den Becher mit Rauschtrank,
einen süßen, gärenden Wein!
Du befiehlst ihnen,
diesen Kelch bis zur bitteren Neige auszutrinken,
Maßlosigkeit und Selbstüberhebung,
zerstörerischen Haß,
Ausrottung und Selbstvernichtung!

Sie haben sich dieses Nationalitätengesöff
selbst zusammengebraut.
Nun sollen sie es auch genießen
– und bis zum letzten Tropfen aussaufen!

Gott, ich will auf dich warten.
Du wirst die Macht derer,
die sich frech an deine Stelle setzen, zerbrechen.
Aber wer Recht und Gerechtigkeit übt
und deinen Frieden tut,
wird leben und Zukunft finden.
Daran glaube ich.
Das will ich besingen für immer!

Nach Psalm 75,2–11

Die Psalmen – Zusammenhänge

1: Lehrgedicht eines Weisheitslehrers, der Jahwes Weisungen als Quelle aller Weisheit verehrt. Wohl als Überschrift über den gesamten Psalter anzusehen.
2: Ein Psalm zur Einsetzung des Königs in sein Amt. Der Gesalbte, zunächst eine historische Person, wird in der vorliegenden nachexilischen Psalmfassung zum ankommenden Messias umgedeutet. Der ntl. Gottessohntitel hat hier einen seiner Ursprünge. Freie Interpretation zum Schluß hin.
3: Klagelied des Einzelnen, eher nach- als vorexilisch. Der Beter wendet sich an Gott inmitten derer, die Jahwe treu sind.
4: Vertrauenslied. Hier als das Lied einer Frau vorgestellt.
5: Klagelied des Einzelnen, verallgemeinernd. Unschuldig angeklagt, klagt der Beter Gott sein Leid. Nachexilisch.
6: Klagelied eines Einzelnen. Der Beter hat den Tod vor Augen. Er ist sterbenskrank. Die „Feinde" werden als Krankheitserscheinungen gedeutet.
7: Klagelied eines Einzelnen, als Liturgie komponiert, daraus die letzten Verse (13–18), die die Gewißheit der Erhörung dokumentieren. Assoziationen an das Schicksal des Jeremia. Siehe auch Psalm 16 und 17! Formular für viele Gelegenheiten.
8: Weisheitshymnus auf Gottes Schöpferherrlichkeit. Der Mensch ist in die Verantwortung Gottes eingeschlossen. Nachexilisch. Liturgie für Sprecher und Gemeinde.
9/10: Ursprünglich als ein Psalm gedacht. Darum wird hier zusammengefaßt. Als Alphabet–Psalm komponiert, auch als Anthologie vorzustellen, viele Zusammenhänge mit anderen biblischen Textstellen. Hintergrund ist die nachexilische Besatzungszeit. Der Verfasser leidet mit seinem Volk unter der Bedrückung der Besatzer und unter seinen eigenen Volksgenossen, die mit diesen paktieren und so das Unrecht vermehren.
11: Vertrauenslied, nachexilisch, mit lehrhafter Tendenz. Ein Verfolgter flüchtet in den Tempel, klagt Gott sein Leid, vertraut sich ihm an. Gott wird Recht schaffen!
12: Nachexilisches Klagelied. Schilderung der gesellschaftlichen Zustände. Hilfe für die Armen durch Jahwes Tat, der sich den Unterdrückten zuwendet.
13: Beispielhaftes persönliches Klagelied, gegliedert als Klage, Bitte, Vertrauensbezeugung, Dank! Abfassungszeit ungewiß.

14: Volksklagelied nach Art der Prophetendichtung, mit Beziehungen zur Weisheitsliteratur. Nachexilisch, gegen die Feinde Gottes im eigenen Land gerichtet. Gott tritt für Entrechtete ein!

15: Eine Toraliturgie. Die Bedingungen zum Eintritt ins Heiligtum werden erfragt. Der Psalm wurde auch in anderen Lebenslagen gesprochen. Kritische Substanz aus der Tradition der Prophetendichtung und Weisheitslehre.

16: Vertrauenslied, in dem vor der Klage das hymnische Bekenntnis den Vorrang hat. Nachexilisch. Bei der vorliegenden Nachdichtung handelt es sich um eine freie Interpretation.

17: Ein unschuldig Verfolgter fleht zu Gott, ein Asylflüchtiger im Tempel. Formularhaft formuliert. Verwandt mit den Psalmen 7 und 16. Nachexilisch.

18: Psalm 18 ist in 2 Sam 22 ein zweites Mal überliefert. Die Gemeinde dankt mit diesem Siegespsalm für eine im Krieg erfahrene Rettung. Der hier vorgestellte Heilskönig ist zugleich der historische und zukünftige David, mit dem sich die nachexilische Gemeinde identifiziert. Hier: freie Interpretation!

19: Der Psalm ist ein hymnisches Weisheitslied. Meist werden die Verse 1–7 als alter, aus Ägypten stammender Sonnenhymnus angesehen, dem der AT-Beter das jüngere Gesetzeslob (VV. 8–15) angefügt habe. Entsprechend habe ich die Texte getrennt.

20: Königspsalm, ein Lied aus dem Gottesdienst. Abfassung wahrscheinlich in der späten Königszeit. Zentrale Aussage: ‚Jahwe gibt seinem Gesalbten den Sieg – durch das Vertrauen in seinem Namen!' Hier als Fürbitte für die Regierung formuliert.

21: Ebenfalls ein Königspsalm, ein Danklied, hier auf den kommmenden Messias gedeutet, auf den Christus des NT.

22: Eine prophetische Liturgie, aus einem Klagelied (VV. 2–22) und einem Danklied der Gemeinde (VV. 23–32) bestehend. Enger Anschluß an prophetische Verkündigung, Bezüge zu Jes 53 und zum NT!

23: Vertrauenslied, atl. Bilder werden verwertet.

24: Torliturgie, aus hymnischen Stücken (VV. 1–2) und einer Thoraliturgie (VV. 3–6) sowie dem eigentlichen Torgesang (VV. 7–10) zusammengesetzt. Die Befestigungstore sind für den einziehenden Friedenskönig, im Bilde des Kriegsgottes beschrieben (!), viel zu eng – nicht mehr nötig!

25: Alphabet-Lied, das verschiedenste Elemente enthält. Weisheitsliteratur. Hier wurden die Verse 7–14 frei gestaltet.

26: Eng verwandt mit Psalm 7 und Psalm 17. Ein Angeklagter, der vor Gott seine Unschuld beteuert und bei ihm Asyl sucht, betet ein Reinigungsgebet, Anlehnung an prophetische Situationen.

27: Kein einheitliches Lied. Verse 1–6 bilden einen Vertrauenspsalm. Ein

Klagelied folgt (VV. 7–13), Abschluß eine Aufforderung ins Vertrauen (V. 14). Bekannte Bilder werden anthologisch aufgenommen. Hier sind nur die Verse 1–6 frei interpretiert.

28: Klagelied (VV. 2–5), das in ein Danklied (VV. 6–9) einmündet. Nachexilisch. Anthologischer Charakter. Der Beter identifiziert sich mit dem leidenden Gottesvolk.

29: Hymnus, auf ein älteres kanaanäisches Gewitterlied zurückgehend, das deutlich zu einem Jahwelied umgedichtet wird (11× wird der Jahwename zitiert!). Diese Fassung entsteht vielleicht zur Zeit Alexanders des Großen. Die naturmythologischen Bilder können auf geschichtliche Ereignisse bezogen werden. Gott bricht auf – zum Gericht. Anklänge an Prophetische Liturgien.

30: Persönliches Danklied, starke hymnische Färbung. Nähe zu Prophetentexten. Formular zum Fest der Tempelweihe, das seit der Makkabäerzeit jährlich begangen wurde.

31: Der Psalm ist als Liturgie aufgebaut, die zwei sich einander ähnelnde Teile enthält (VV. 2–9. 10–25). Aus dieser längeren, parallel aufgebauten Liturgie werden hier die Verse 10–19 wiedergegeben. Wie überall in Psalm 31, starke Anklänge an Jeremia-Texte. Der Beter sieht sich in der Rolle des Knechtes Gottes, der durch das Gottesvolk selbst verfolgt wird. Mögliche nachexilische Bußliturgie zum Gedenken an den bzw. die Propheten.

32: In der christlichen Tradition unter die 7 Bußpsalmen gerechnet, ist der Psalm jedoch ein persönliches Danklied, das lehrhafte, verallgemeinernde Züge enthält. Weisheitslied aus der Nachexilszeit.

33: Nachexilisches Weisheitsgedicht, das mit 22 Versen (Anzahl der Buchstaben im hebräischen Alphabet) aufgebaut ist. Bemerkenswert ein am „Kriegsgott" Jahwe sich orientierender „Pazifismus" – vor Jahwe sind alle Kriegsanstrengungen nichts!

34: Nachexilisches, weisheitliches Lehrgedicht, nach der Buchstabenfolge des hebräischen Alphabets aufgebaut. Anthologischer Charakter. Hier freie Interpretation mit Mut zur Lücke.

35: Aus dieser umfangreichen Liturgie, die wie Ps 31 als Bußliturgie des Volkes im Gedenken an Prophetenverfolgungen anzusehen ist, werden die Verse 11–18 vorgestellt. Starke Nähe zu Jeremia (Klagelieder 3). Das Volk findet sich in schlimmer Verfolgungszeit im leidenden Gottesknecht wieder.

36: Persönliches Klagelied, zu einem Weisheitsgedicht weiterentwickelt. Hier mit stark interpretatorischen Elementen.

37: Sentenzensammlung, auf dem Hintergrund des Gegensatzes von gesetzestreuen, frommen Juden und der heidnischen, das Recht brechenden und Gott spottenden Umwelt entstanden. Anachrostikon. Ich nehme in meiner Interpretation den Alphabet-Charakter auf.

38: Persönliches Klagelied, Bußpsalm mit lehrhaften Zügen. Der Psalm hat soviele Verse wie das hebräische Alphabet Buchstaben hat. Krankheit und Verfolgung fordern Gott heraus.

39: Persönliches Klagelied, das Elemente aus den Büchern Ijob und Prediger vereint. Ein spätes, nachexilisches Stück, das aus der Situation eines Todkranken Gott Fragen stellt.

40: Die vorgestellten Verse bilden ein Danklied (VV. 2–12), Klage und Bitten sind angefügt (VV. 13–18), die in Psalm 70 ebenfalls überliefert werden. Weisheitsgedicht, Anlehnung an Prophetentexte.

41: Nachexilischer Weisheitspsalm, erzählt von einer Heilung. Dank am Heiligtum nach erfahrener Genesung.

42/43: Eine einheitliche Psalmenliturgie, die Kehrverse der Gemeinde enthält, ein persönliches Klagelied. Liedformular für Pilger aus der Diaspora. Hier eine freie Interpretation.

44: Volksklagelied mit hymnischer Einleitung. Der Psalm wurde in der Gottesdienstgemeinde als Liturgie gesungen, im Wechsel von Sängern und der Gemeinde. Makkabäerzeit. Die Juden müssen nach einem Aufstand gegen ihre Unterdrücker schwer leiden.

45: Ein Hochzeitslied für den König und seine Braut, das der Brautvater beiden singt. Dem Hohenlied verwandt.

46: Hymnisches Vertrauenslied des Volkes, ein poetisches Meisterwerk, hier in einer freien Interpretation.

47: ‚Jahwe ist König geworden!', ein nachexilisches Lied mit einer mythischen Bildersprache, die Zukunftsvisionen intendiert. Von Deuterojesaja und anderen nachexilischen Propheten beeinflußt.

48: Lied der Festpilger, zur Einleitung des Umzuges um den Zion gesungen. Mythische Bilder. Anthologische Züge.

49: Lehrpsalm über den Vergeltungsglauben – steht in Gedanken und Bildern Psalm 73 nahe. Späte, nachexilische Abfassung. Der Verfasser gehört zu den Armen Jahwes, aus deren Kreisen die Pharisäer und Essener hervorgingen. Gottes Gerechtigkeit siegt, spätestens im Tode! Da werden alle gleich!

50: Nachexilischer Psalm, der deutlich aus der vorexilischen Prophetie schöpft. Auch die Form – eine göttliche Gerichtsversammlung wird anberaumt – lehnt an Prophetentexte an.

51: Persönliches Klage- und Bittlied, Bußpsalm. Ein Formular für eine nachexilische Bußliturgie, hier als freie Interpretation.

52: Auf der Grundlage von Jes 22,15–19 wird eine Liturgie entwickelt, in der sich das Leid des Volkes spiegelt. Im prophetischen Geist wird der Sturz der Tyrannen angesagt.

53: Die elohistische Variante von Psalm 14. Entfällt.

54: Nachexilischer Klagepsalm, stark an Jeremia und den Deuteronomisten orientiert. Typisierende Formulierungen.

55: Spät nachexilischer Klagepsalm, als Liturgie aufgebaut. Individuelle Klage wechselt mit Vertrauensversen. Ein Einzelner wird in und von seinem Volk verraten. Der Prophet in der belagerten, dem Untergang geweihten Stadt, in der einer gegen den anderen wütet, klagt Gott seine Erfahrungen mit den Zynikern der Macht (VV. 1–16); die trügerische Ruhe vor dem Zusammenbruch ist das Thema des zweiten Abschnitts (VV. 17–24).

56: Ein persönliches Klagelied mit starken Vertrauensbeweisen. Die Thematik aus Psalm 55 wird fortgesetzt. Ein Gerechter wird in und von seinem Volk verfolgt. Zeitnahe Aktualisierungen.

57: Verwandt mit Psalm 56, das Vertrauensbekenntnis entfaltet sich stärker zum Dank (VV. 8–12). Refrain in Vers 6 und 12. Ich entscheide mich für die realpolitische Deutung, analog den vorherigen Psalmen: Aufruhr! Die Angst eines Flüchtigen, der Asyl sucht, wird beschrieben. Nachexilisch, u. U. eine Bearbeitung.

58: Klagelied. Es möchte der prophetischen Forderung nach Gerechtigkeit Gehör verschaffen. Nachexilisch. Weisheitseinflüsse!

59: Klagepsalm eines unschuldig Angeklagten. Der Beter ist Repräsentant der Gruppe von Jahwegetreuen, die Schweres unter einer zynischen Besatzungsmacht und ihren jüdischen Sympathisanten auszustehen haben. Anklänge an Tritojesaja.

60: Volksklagelied für einen Bußgottesdienst im Tempel. Nachexilisch, schmerzlicher Rückblick auf die Katastrophe von 586, Analyse der gegenwärtigen Gefahr, Heilsorakel!

61: Persönliches Klagelied. Formular für den Beter, der sich in der Diaspora nach dem Zion sehnt. Nachexilische Fassung, Königsbezug wird messianisch verstanden.

62: Persönliches Vertrauenslied, aus der Klage entwickelt! Weisheitliche Lehre, die anthologisch aus dem Gedankengut der Propheten – vor allem aus Ezechiel – zitiert. Nachexilisch.

63: Persönliches Klagelied, ein Verfolgter findet in Gott, der seine Sehnsucht ausmacht, Frieden und Schutz. Nachexilisch.

64: Persönliches Klagelied, das allgemeine Züge annimmt. Gebetsformular für Leute, die im Tempel einen Asylantrag stellen.

65: Ein gegliederter Hymnus: Erwählung (VV. 2–5), Schöpfung (VV. 6–9) und Erntedank (VV. 10–14). Freie Interpretation, hier mit dem Schwerpunkt auf dem dritten Teil. Prophetenanklänge, nachexilisch.

66: Danklied, im ersten Teil kollektiv verstanden (VV. 2–12). Es folgt ein persönlicher Dank (VV. 13–20). Nachexilisch, ein Liturgiestück, in dem der Dank des Volkes und des Einzelnen aufeinander bezogen sind. Der Einzelne betet stellvertretend.

67: Danklied. Jubel der Erde und Völker über den Segen Gottes. Jahwe als huldreicher Herr der Welt, der Segen stiftet.

68: Ein gewaltiges Prozessionslied, das als feierlicher Hymnus die geschichtlichen Erfahrungen Israels mit dem rettenden Gott bildhaft-mythisch erzählt und so ermutigt. Anknüpfung an ältere poetische Traditionen (Deboralied, Ri 5). Nachexilisch.

69: Eine Psalmenliturgie, in der ein Jahwetreuer erzählt, wie er von denen, die sich von Gott lossagten, verachtet und vernichtet wird. Der Beter weiß sich als Knecht Gottes, der leidet und doch gerettet werden wird. Nachexilisch.

70: Identisch mit Psalm 40,14–18. Anthologischer Stil. In zahlreichen Psalmen ähnliche Assoziationen (34,35 u. a.). Hier nicht aufgenommen.

71: Persönliches Klagelied mit großartigem Gotteslob und Vertrauensbeweisen. Aus Jeremiatexten herausgewoben. Ein alternder Mensch preist Gott, der ihn vor dem Tode bewahrt. Typisierungen, so daß sich das Volk in diesem Lied wiederfindet. Nachexilisch.

72: Ein Königslied, das der Herrschaft des Königs und der seines Sohnes kosmische Dimensionen zuspricht. In den bildhaften Überhöhungen wird der Arme, den Gott erhöhen wird, in den Mittelpunkt gerückt. Gottes Gerechtigkeit kommt im Kommen des Königs. Nachexilisch, Vorform möglich.

73: Weisheitsgedicht, das sich an dem Zwiespalt zwischen Realität und Verheißung entzündet und den Erfahrungen des Buches Ijob nahesteht. Weisheitliche Fragestellung. In einer freien Interpretation werden aktuelle Bezüge entwickelt.

74: Volksklagelied, das auf elementare Weise die Zerstörung des Tempels beklagt. Vortrag in der auf dem Trümmerfeld versammelten Gemeinde. Aktualisierung in nachexilitischer Zeit.

75: Die nachexilische Gemeinde singt von der Ankunft Gottes in dieser Welt. Die mythisch überhöhenden Bilder werden eschatologisch gedeutet. Frei interpretierende Elemente in der Übertragung. Starke Anklänge an Jer 25,15–29.

Die Angaben über textliche und historische Zusammenhänge entstanden in Anlehnung an A. Deissler, Die Psalmen, Patmos-Verlag, Düsseldorf 1986.

STUTTGARTER TASCHENBÜCHER

Walter Kirchschläger
Kleiner Grundkurs Bibel
Im Blick: Das Neue Testament
STB Band 2; 128 Seiten;
DM 12,80
ISBN 3-460-11002-3

In 32 kurzen Kapiteln werden zentrale Aspekte zum Verstehen des Neuen Testaments vorgestellt. Anleitungen und Fragen helfen dem Leser beim Umgang mit der Bibel.

Walter Kirchschläger
Kleiner Grundkurs Bibel
Im Blick: Das Alte Testament
STB Band 8; 128 Seiten;
DM 12,80
ISBN 3-460-11008-2

Der Leser gewinnt einen leicht verständlichen Zugang zum Alten Testament. Mit Anregungen zur persönlichen Weiterarbeit und zur Arbeit in Bibelkreisen ist der Band jedem eine wertvolle Hilfe.

Alfons Deissler
Gehen mit Gott
Leittexte aus dem Alten Testament
STB Band 5; 128 Seiten;
DM 12,80
ISBN 3-460-11005-8

Der bekannte Exeget Alfons Deissler stellt 31 Texte aus dem Alten Testament vor, die als Leitlinien gelten können für ein Grundverständnis dieses „Ersten Testaments" für Christen.

Carlos Mesters
„Seht, ich mache alles neu"
Bibel und Neuevangelisierung
STB Band 6; 128 Seiten;
DM 12,80
ISBN 3-460-11006-6

Carlos Mesters liest die Bibel aus der Sicht der Armen in Lateinamerika und entdeckt so die ursprüngliche Dynamik dieser Texte neu – ein wichtiger Anstoß für Christen in Europa.

Verlag Katholisches Bibelwerk